성경적인
기도 가이드

성경적인
기도 가이드

신상래 지음

좋은땅

들어가기

    크리스천에게 기도만큼 중요한 게 어디 있을까? 기도란 하나님을 만나는 유일한 통로이다. 하나님을 만나지 못하는 크리스천이라면 마음 수련을 하는 종교인에 불과하다. 성경에서 약속한 영생을 얻는 자격도 형통한 삶의 비결도 자신의 몫이 아니다. 그런 이들은 기독교가 아니라 다른 종교를 믿는 것과 별반 차이가 없다. 그래서 교회에 나오면 목회자로부터 기도회에 참여하라는 권면을 끊임없이 받게 된다. 그렇지만 결론적으로 말하자면 새벽기도회를 비롯한 각종 기도회에 성실하게 참여하는 크리스천은 그리 많지 않다. 교회에서 요청하는 기도회에 참여하지 못하는 크리스천들은 기도를 하지 못하는 데서 생기는 죄의식 속에서 살아가게 된다. 거꾸로 각종 기도회에 열정적으로 참여하는 이들은 열심히 기도하고 있다는 자부심이 대단하다.

    그러나 중요한 것은 기도회에 참석하는 것이 아니라 기도의 열매를 맺고 있어야 하는 것이 아닌가? 성경에는 믿는 자들에게 따르는 놀라운 표적들을 열거하고 있다. 귀신을 쫓아내고 병든 자를 치유하며 갖가지 은사를 받게 될 것을 말하고 있다. 더욱 경악스런 사실은 기도하는 것마다 전부 응답을 받게 될 것이라는 말씀이다. 그렇지만 응답을 보장하는 성경의 말씀은 오히려 기도를 향한 자신감을 떨어뜨리고 있다. 성경과는 정반대의 결과를 자신에게서 발견하고 있으니 말이다. 오랜 신앙의 경륜을 내보이며 적지 않은 기도시간을 가졌지만 결과를 얻는 데 실패했기 때문이다. 그렇지만 그런 속마음을 결코 드러내지 않는다. 묵직한 교회 직분과 앞줄에 서는 교회 내의 위치 때문이다. 많은 사람들이 자신을 경건하고 믿음직한 크리스천으로 보고 있는데, 이들을 실망시키고 싶지 않다. 그래서 자신의 속내를 숨긴 채 신앙생활을 하고 있다. 그렇지만 마음이 무거운 건 사실이다. 이러한 상황은 자신도 하나님도 바라는 것이 아니기 때문이다.

골프를 잘 치려면 골프연습장을 다니면서 적지 않은 돈을 들여 프로에게 레슨을 받아야 한다. 골프에 대한 책은 물론 TV채널의 경기 동영상을 보면서 배우는 것도 중요하다. 이를 잘하려면 골프장에 자주 가서 공을 많이 치는 것보다 정확한 자세를 따라 익혀야 한다. 이는 굳이 골프만이 아니라 세상의 모든 일이 그러하다. 그런데 막상 교회에 오면 기도하는 것을 배우기는 어렵다. 기도회에 오는 것을 강요받지만, 정작 어떻게 기도하는 게 하나님이 기뻐하시는 기도이고 응답이 오는 기도인지 가르쳐주지 않는다. 성령 충만함을 강조하는 집회도 이와 다르지 않다. 쿵쾅거리는 악기와 우렁찬 찬양으로 집회 분위기를 들뜨게 하여 자신도 모르게 분위기에 휩쓸리게 하는 것으로 성령 충만을 대신한다.

기도란 하나님을 만나 대화하고 교제하는 영적 행위다. 그렇지만 영적인 눈을 떠서 영적인 음성을 듣고 깨달음을 얻는 기도를 하는 것은 녹록치 않다. 그래서 성경에 기록한 하나님의 뜻을 따라 성령의 인도함을 경험한 영적 지도자의 코칭이 절대적으로 필요하다. 그렇지만 우리네 교회에서는 이러한 지도자의 모습을 보기 어렵다. 기도를 열심히 하려고 하지만 하나님과 동행하는 기도의 수준에 오르지 못하면 형통한 삶과 평안한 인생은 그림의 떡일 뿐이다.

그래서 이 책을 쓰게 되었다. 깊고 험난한 산을 오를 때 나침판과 지도를 가지고 있다면 무사히 등산을 마치게 될 것이기 때문이다. 기도에 대한 책들이 시중에 적지 않게 쏟아지고 있지만 정작 삶의 현장에서 실제적이고 구체적으로 적용할 만한 매뉴얼은 찾아보기 어렵다. 기도에 대해 추상적이고 모호한 개념을 소개하는 책이 아니라 삶의 현장에서 꼭 끼고 다니며 필요할 때 지체 없이 찾아보는 매뉴얼만 있다면 어두웠던 영혼을 환하게 밝아지게 할 수 있다.

기도란 소원하는 욕망을 이루는 요술램프가 아니라 일상에서 하나님과 동행하는 통로이다. 많은 크리스천들이 문제가 생겨야 기도를 시작하는 잘못된 관행 때문에 하나님을 만나지 못한다. 밥을 먹거나 돈을 버는 일처럼, 기도가 종교에서 요구하는 신앙 행위가 아니라 삶을 살아가는 필수적인 습관이 되어야 비로소 성경에서 약속한 하나님의 도우심을 체험할 수 있다. 「성경적인 기도 가이드」가 그러한 영적 습관을 갈망하는 이들에게 무더운 여름날의 시원한 생수가 되었으면 좋겠다.

충주의 한적한 시골에서
신상래

차 례

1

성경의 방식대로 기도하라

✦

교회에 오면 기도하기를 종용받는다. 그렇지만 우리가 배우는 것은 교회에서 정한 기도회에 참석하여 기도하는 행위가 전부이다. 어떻게 기도해야 하는지, 무엇을 기도해야 하는지 자세히 가르쳐 주지 않는다. 기도해야 할 목록도 교회에서 정해 주는 내용을 포함해서 자신의 문제 해결에 필요한 응답을 요청하는 것이 전부이다. 그렇지만 정말 중요한 것은 성경에 기록한 하나님의 뜻대로 기도하는 것이 아닌가? 기도하는 내용을 포함해서 기도하는 태도 역시 성경대로 기도해야 하나님의 도움을 받을 수 있을 것이다. 그러나 우리는 교회에 와서 성경적인 기도에 대해 배우기보다, 교회지도자들이나 신앙 선배들이 하는 모습을 보고 따라 하고 있다. 그렇지만 그러한 모습이 성경적이 아니라 관행적인 기도에 불과하다면 아무런 효험이 없을 것이다.

필자가 이 책을 쓰는 이유도 교회의 관행대로 따라 했던 평신도 시절의 기도가 아무런 열매가 없었기 때문이다. 기존의 관행이라 해서 잘못된 것도 아니고 나쁘지도 않다. 그렇지만 하나님의 뜻이 아니라면 헛수고일 뿐이다. 예수님 시절의 서기관들과 바리새인들은 기도를 열심히 했다.

그들은 옷 술에 성경구절을 수놓고 다니며 견고한 믿음을 보여 주었으며, 시장 어귀 등의 사람이 많이 다니는 곳에서 큰 소리로 기도하기를 즐겼다. 율법에 정해진 것은 아니지만, 그 당시의 경건한 유대인들은 하루 세 번씩 정해진 시간에 기도하곤 했는데 그들 역시 성실하게 따라 했다. 그렇지만 그들의 기도 행위는 예수님으로부터 심한 책망만을 들었다. 남에게 보여 주려는 기도 행위는 가증할 뿐이라고 말이다. 우리도 그 당시의 서기관과 바리새인처럼 남에게 보여 주려는 자기만족의 기도 행위를 답습하고 있지는 않은가? 성경에는 기도하는 행위에 간절한 마음을 실어야 하며, 기도의 동기나 목적 역시 하나님의 뜻에 합당해야 한다고 말하고 있다. 즉 성경대로 기도하지 않는다면 아무런 소용이 없다는 뜻이다. 성경에는 하나님이 기뻐하시는 기도의 방식에 대해 적지 않게 밝혀 놓고 있다. 어두운 동구 밖에서 지갑을 잃어버렸는데, 밝다는 이유만으로 가로등 밑에서 지갑을 찾고 있다면 어리석은 행위일 것이다. 쉽다고 관행적인 기도를 따라 하는 것이 아니라 어렵더라도 성경적인 기도를 해야 한다. 그것이 하나님의 인도하심으로 기도응답을 받고 문제를 해결하는 유일한 방식이다.

2

하나님의 이름을 부르라

◆

　요람에 누운 아기가 자신의 소원을 이루는 유일한 방법은 큰 소리로 우는 것뿐이다. 우는 소리를 듣고 황급하게 달려온 엄마는 배가 고픈지, 아니면 옷이 축축한지 살펴보고 즉각 문제를 해결해 준다. 인지능력도 언어능력도 없는 아기에게는 오직 격렬하게 우는 능력만이 생존의 비결인 셈이다. 아기가 우는 행위는 엄마를 부르는 신호인 것처럼, 기도에서 가장 중요한 것은 하나님을 부르는 게 아닌가?

　그러나 우리는 기도를 시작하면 하나님을 부르는 것을 생략하고 본론으로 들어간다. 아니, 들어 주는 사람이 없는데 큰 소리로 말한다면 정신이 나간 사람이 분명하다. 기도를 시작하면 가장 먼저 할 것은 하나님을 부르는 것이다. 그것도 형식적으로 부르는 것이 아니라 하나님이 올 때까지 계속해서 불러야 한다. 예수님이 가르쳐 준 주기도문의 시작도 "하늘에 계신 하나님이시여"라고 부르지 않는가. 하나님의 이름을 부르는 것은 형식적인 것이 아니다. 하나님은 영이시기 때문에 자신의 마음속에 들어올 때까지 줄기차게 불러야 한다. 하나님의 영인 성령이 마음에 들어오는 느낌은 사람마다 다르고 기도할 때마다 차이가 있다. 처음 성령

　　　　　　　　　　　　　　　성경적인 기도 가이드

이 내주할 때는 기분이 들뜨고 감정이 격앙되지만 어느 정도 기간이 지나면 평안한 마음으로 채워지게 된다. 그러나 성령의 내주에서 나오는 평안한 마음은 오랜 시간 기도 습관이 되어야 비로소 분별할 수 있다. 어쨌든 기도의 가장 중요한 부분은 기도를 시작할 때 하나님의 이름을 지속적으로 부르는 것이다. 필자는 규칙적으로 아침과 밤 시간에 기도한다. 각각 두 시간가량 기도하는데 기도를 시작하면 20~30분간은 오직 성령이 내주하시기만을 기다리며 하나님의 이름을 부르는 것으로 일관한다. 낮에는 방해받지 않고 길게 기도하는 게 어렵다. 그래서 틈만 나면 기도를 시도하는데, 이때는 대부분 하나님을 부르는 것으로 일관한다. 하나님의 이름을 지속적으로 부르면 성령이 내주하는 게 마음에서 느껴지는 게 그렇게 기분이 좋을 수 없다.

기도의 승패는 얼마나 오래 기도하느냐보다 하나님의 뜻대로 기도하느냐에 달려 있다. 아무리 오랫동안 열정적으로 기도했다고 하더라도 하나님이 들어 주시지 않는 기도라면 헛수고에 불과하다. 하나님의 이름을 부르는 것은 다양하다. '하나님'이라는 단어를 반복할 수도 있고 성령이나 예수님의 이름으로 불러도 상관없다. 모두 같은 하나님이시기 때문이다. 자신이 가장 선호하는 방식으로 부르면 된다. 그러나 하루 종일 틈만 나면 하나님의 이름을 부르며 그분을 찾아야 한다. 성경적이지 않은 관행적인 기도방식은 무용지물이다. "너희가 전심으로 나를 찾고 찾으면 나를 만나리라"(렘 29:13)이나 "나를 간절히 찾는 자가 나를 만날 것이다"(잠 8:17), "구하라 그러면 너희에게 주실 것이요 찾으라 그러면 찾아낼 것이요 문을 두드리라 그러면 너희에게 열릴 것이니 (…) 하늘 아버지께서 구하는 자에게 성령을 주시지 않겠느냐 하시니라" (눅 11:9~13) 위의 성경말씀에서 하나님을 만나려면 줄기차게 그분의 이름을 부르며 찾으라고 일관되게 말씀하고 계시다.

필자가 이십여 년 전 기도훈련을 시작할 때, 무조건 성경적인 기도를 하자고 마음먹고 성경을 이 잡듯이 뒤지자 이 말씀들이 눈에 들어왔다. 이 습관을 들이기 위해 적지 않은 훈련기간을 필요로 했지만 하나님의 말씀은 정확했다. 그 방식의 기도로 성령을 만날 수 있었기 때문이다. 또한 하나님을 부르는 기도방식에 대해 좀 더 설명을 붙이자면, 우리가 하나님을 부르는 목적이 무엇인가를 생각해서 부르면 된다. 성령이 우리 안에 들어와서 통치하시고 다스리셔서 하나님의 나라가 이루어지게 하는 것이다. 그래서 예수님이 가르치신 주기도문에도 하나님의 나라가 임해 달라는 내용이 들어가 있다.

그래서 구체적으로, '하나님, 내게 와 주세요. 내게 오셔서, 나를 다스려 주시고 통치해 주세요'라고 구체적인 문장으로 기도하면 명확해져서 머리에서 사라지지 않을 것이다. 필자는 하나님을 부를 때, 이 기도 문장을 가장 잘 이용하고 있다. 하나님을 반복해서 전심으로 부르기도 하지만, 어느새 구체적인 문장으로 '하나님! 내 안에 들어오셔서 나를 다스려 주세요'라고 기도하는 것을 즐긴다. 우리가 사람의 이름을 부르는 것도, 그 사람이 자신에게 와 달라는 목적으로 부르지 않은가? 그렇기에 이렇게 구체적인 문장으로 하나님을 부르지 않더라도, 하나님을 부르는 목적이 하나님이 자신에게 와 달라고 부르는 것임을 잊지 말고 불러야 할 것이다.

성경적인 기도 가이드

3

하나님을 간절히 찾으라

◆

하나님을 만나는 기도 습관을 들이지 못하는 이유는 성경적으로 기도하지 않기 때문이다. 성경은 하나님의 뜻을 밝힌 책이다. 하나님은 자신의 존재를 성경에서 드러내셨다. (요 1:1) 그러므로 성경대로 기도하여야한다. 그렇다면 성경에서 밝힌 하나님을 만나는 방식은 무엇인가? 그것은 간절히 기도하는 것이다. "만일 마음을 다하고 뜻을 다하여 그를 찾으면 만나리라" (신 4:29), "너희가 전심으로 나를 찾고 찾으면 나를 만나리라" (렘 29:13)이나 "나를 간절히 찾는 자가 나를 만날 것이다" (잠 8:17), "마음을 다하고 뜻을 다하여"라는 말은 בכל־לבבך ובכל־נפשך(버칼 러바바카 우버칼 낲세카)라는 히브리어를 번역한 것으로 '마음을 다하고 영혼을 다하여'라는 뜻이다. 이는 '전심으로'나 '간절히'라는 말과 같은 뜻이다. 즉 간절히 전심으로 마음을 다해 기도하라는 것이다. 이렇게 기도하면 성령을 만날 수 있고 하나님과 동행하는 삶을 살 수 있다. 응답이 신속히 내려오며 각종 문제 해결도 받을 수 있다. 당신은 기도할 때마다 간절히 기도하고 전심으로 기도하고 있는지 곰곰이 생각해 보라. 그렇지 않다면 성령의 사람이 되는 것은 요원하다.

예수님이 승천하시고 나서 사도들과 제자들은 마가요한의 다락방에서 성령이 임하시기를 기다리며 오로지 기도하기에 힘썼다. (행 1:14) 이때 '오로지'를 번역한 헬라어는 προσκαρτεροῦντες(프로스카르테룬테스)라는 단어이다. 기독교에 입교한 수많은 교인들은 사도들에게 기도하는 법을 배워 똑같이 '오로지' 기도하기에 힘썼다. (행 2:42) 이때도 사용된 단어가 προσκαρτεροῦντες(프로스카르테룬테스)였다. 그뿐만 아니라, "기도에 항상 힘쓰며" (롬 12:12), "기도를 계속하고" (골 4:2)에서 사용된 '항상 힘쓰며'나 '계속하고'에 사용된 단어도 역시 προσκαρτεροῦντες(프로스카르테룬테스)였다. 이렇게 이 단어는 공통적으로 사도들과 바울이 기도하는 방식에 사용되었다. 기도에 전념하고, 간절히 기도하며, 오로지 기도하는 것은 기도에 적용되는 같은 태도를 말한다. 우리가 기도하는 시간이 많거나 금식기도나 새벽기도처럼 희생적으로 기도하더라도 간절히 기도하는 태도가 없다면 무용지물이다. 짧게 기도하더라도 간절히 기도하여야 한다. 그러나 아직도 간절히 기도하는 법을 배우지 못했다면 응답은 기대하지 않는 게 좋을 것이다.

4

기회가 나는 대로 기도하라

✦

　바울의 유명한 "쉬지 말고 기도하라" (살 5:17)라는 말씀을 모르는 크리스천은 별로 없을 것이다. 이 말씀의 헬라어 단어는 ἀδιαλείπτως προσεύχεσθε(아디아레이프토스 프로슈케스데)이다. προσεύχεσθε(프로슈케스데)는 '기도하다'라는 단어이고 ἀδιαλείπτως(아디아레이프토스)는 '끊임없이'라는 뜻이다. 즉 '쉬지 말고 기도하라'라는 성경말씀은 '끊임없이 기도하라'라는 뜻이다. 물론 그 말의 번역은 별다른 차이가 없다고 생각할 수 있겠지만 우리가 받아들이는 의미의 차이는 적지 않다. 쉬지 않고 기도하라는 말은 사람마다 정도의 차이가 있을 수 있겠지만, 끊임없이 기도하는 뜻은 누구에게나 동일하다. 그것은 틈을 내서 기도하고 기회가 나면 기도하는 모습이다. 이처럼 바울이 기도방식으로 제시한 것은 전념을 다해 끊임없이 기도하라는 말이다.

　사실 이 같은 방법은 바울만 말한 것은 아니다. 예수님도 항상 기도하라고 하였고, (눅 18:1) 고넬료도 항상 기도하다가 하나님의 감동을 얻게 되었다. (행 10:2) 사무엘도 기도를 쉬는 죄를 범치 않겠다고 한 말씀으로 보아, (삼상 12:23) 그가 일상의 삶에서 끊임없이 기도했다는 것을 미루어 짐작할 수 있다. 그러나 안타깝게도, 우리는 교회에서 정한 기도회에 참석하여 기도하는 게 전부라고 여기는 크리스천이 적지 않다. 일상의 삶에서 끊임없이 기도를 하려면 기도회의 기도시간만으로는 부족하다. 끊임없이 기도하는 것은 무시로, 기회가 나는 대로 기도하는 것을 말한다. 업무나 학업과 같이 정신을 몰두할 때를 제외하고 쉬거나 누군가를 기다리거나 운전을 하고 있을 때 등 느슨한 시간에는 얼마든지 하나님을 찾으며 기도할 수 있다. 그렇게 기도하지 않는 것은 그런 기도 습관을 들이지 않았기 때문이다. 하나님은 우리가 새벽기도회에 참석했는지를 묻지 않으며 하루에 몇 시간 기도할 것을 요구하지 않으신다. 다만 틈만 나면 자신을 부르며 찾는 태도를 보고 계신다. 적당히 기도하더라도 응답이 없고 기도의 열매가 없다면 허망한 법이다. 많은 이들이 열심히 기도하지 못하는 이유는 기도할 시간이 없다기보다 아무리 기도해도 기도응답이 없었기 때문에 중도에 포기하고 마는 것이다. 강한 자가 이기는 것이 아니라 이기는 자가 강한 자라는 말과 같다. 가장 좋은 기도방식은 하나님을 만나고 응답이 내려오는 기도일 뿐이다. 아무리 희생적으로 기도하더라도 응답이 없는 기도방식이라면 빨리 그만두어야 한다.

성경적인 기도 가이드

5

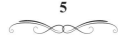

집중력을 가지고 기도하라

◆

　기도란 공부처럼 육체의 힘이 아니라 정신력을 가지고 하는 행위이다. 학생이 공부할 때 잡념이 들고 공상에 젖어 있다면 학습 효과가 없을 것이다. 기도도 마찬가지이다. 정신을 하나님께 집중시키고 이에 몰두해야 한다. 그래서 효과적인 기도를 하려면 기도훈련이 필요하다. 정신 집중은 쉽게 되는 것이 아니기 때문이다. 물가에 노는 어린 아이를 둔 엄마는 다른 일을 하면서도 눈은 아기에게 가 있다. 혹시 무슨 일이 생길까 봐 아기에게 집중하고 있는 것이다. 이처럼 다급한 문제가 있으면 기도에 쉽게 집중한다. 그렇지만 기도의 본질은 문제 해결 이전에 하나님과 교제하는 행위이다. 하나님은 영이시기 때문에 육체의 눈으로는 보이지 않는다. 다만 기도라는 영적 행위를 통해 하나님을 만날 수 있다. 그러므로 오랫동안 기도에 몰입하는 능력을 가진 사람만이 하나님과 깊게 교제를 할 수 있으며 그 사람만이 그분의 마음을 읽고 능력을 얻어 낼 수도 있다.

　많은 사람들이 기도를 시작하자마자 통성으로 기도한다. 방언이든지 아님 통성으로 기도할 때는 침묵으로 기도하는 것보다 집중이 잘되는 것도 사실이다. 그렇지만 통성으로 기도하는 것은 오래할 수 없으며 교회나 집 등의 방해받지 않은 장소에서만 가능하다는 한계가 있다. 침묵기도는 마음으로 기도하는 것이기 때문에 시간과 장소에 상관없이 기도할수 있다. 그렇지만 아쉽게도 침묵기도는 고도의 정신집중을 요구하기 때문에 기도훈련을 필요로 한다. 많은 교회에서 이러한 기도훈련을 하지않기 때문에 교인들이 성경적인 기도에 무지하다. 집중력을 가지고 기도하는 능력은 탁월한 영적 지도자가 개인적인 코칭을 해 준다면 훨씬 수월할 것이다. 그렇지만 그런 환경이 아니더라도 실망할 필요는 없다. 소를우물에 끌고 갈 수 있더라도 억지로 물을 먹일 수는 없는 것처럼, 스스로열심히 하려고 하면 불가능한 일도 아니다. 성령이 내주하는 기도를 하려고 애쓰면 성령께서 도와주신다. 성령은 돕는 영이시기 때문이다. 어쨌든 능력 있는 기도를 하고 싶다면 고도의 집중력을 길러야 한다.

기도를 사모하라

✦

　필자는 영성학교를 찾아온 훈련생들과 공동체 식구들에게 기도훈련을 시키고 있는데 가장 어려운 것이 기도를 사모하는 마음을 가지게 하는 것이다. 많은 크리스천들이 기도를 시작하는 이유는 문제가 생겼기 때문이다. 불행한 삶의 문제를 해결하기 위한 응답을 받기 위하여 기도를 시작한다. 이런 모습은 기도의 목적을 잘못 가르쳐 준 교회의 잘못이 크다. 기도의 목적이 문제 해결이라고만 하기 때문이다. 문제 해결이 기도의 주요한 목적인 것은 분명하지만 가장 우선되는 목적은 아니다. 기도는 하나님을 만나는 통로이다. 사람을 지으신 목적이 하나님을 경배하고 찬양하며 영광을 돌리는 것에 있다는 것을 인정한다면, 기도의 목적 역시 하나님께 경배드리는 것이 되어야 한다. 그렇지만 오랫동안 교회예배에 참석하면서도 하나님을 만나는 기도를 하지 않았기에 하나님과 상관없이 살아가게 된다. 그러다가 불행한 사건에 맞닥뜨리게 돼서야 비로소 기도의 필요성을 깨닫고 하나님을 찾아 울고불고한다. 그렇지만 그런 일이 생기지 않으면 기도를 하지 않고 살아간다. 그런 사람들에게 기도의 습관을 들이는 것은 실로 어려운 일이다.

기도 습관을 들이려면 기도를 간절히 사모해야 한다. 그래야 성경에서 명령한 것처럼 일상의 삶에서 끊임없이 기도하는 습관을 들일 수 있다. 그렇다면 사모하는 마음을 가지려면 어떻게 해야 하나? 인생의 문제로 인한 해결책이 기도의 목적이 아니라 하나님을 사랑하는 마음이 우러나야 한다. 하나님의 사랑으로 예수님의 희생으로 죄를 용서받아 영생을 얻게 되었으며, 고단하고 팍팍한 삶의 고비마다 형통함과 평안을 주시는 하나님의 은혜에 감사해야 비로소 기도를 사모하는 마음이 생기는 것이다. 즉 성숙한 신앙이 되어야 가능하다.

그렇지만 처음부터 성숙한 신앙을 갖는 것은 불가능하다. 힘들고 어렵지만 기도를 하려고 애쓰고 성경을 읽고 묵상하려고 노력하면 성령이 내주하시는 날이 온다. 성령이 내 안에 계시면 비로소 하나님의 사랑의 깊이를 깨닫게 되며 믿음이 견고해지는 것이다. 하나님은 사모하는 마음이 없더라도 하나님을 가까이하려고 노력하는 태도를 기쁘게 보신다. 그런 사람에게 사모하는 마음을 주시고 기도로써 깊은 교제를 나눌 수 있는 능력을 허락해 주시는 것이다. 견고한 믿음은 하나님과의 교제가 깊어져서 하나님을 체험하는 시간이 쌓일수록 늘어나는 법이다. 그런 체험은 간절한 기도로써 얻을 수 있다. 그러나 처음에는 자신의 의지와 노력으로 그 산을 올라가야 한다. 그렇기에 수많은 크리스천이 하나님과 동행하는 기도의 습관을 들이지 못하고 있다. 사모하는 마음은 거저 얻어지는 것이 아니기 때문이다. 목마른 사슴이 시냇물을 찾는 것처럼 하나님을 깊이 사랑하는 자만이 기도를 간절히 사모하게 된다. 하나님을 사랑한다고 말하면서 기도하지 않는 이는, 실제로는 사랑하지 않는다는 속내를 드러내는 것이다.

7

온몸에 힘을 주며 기도하라

◆

기도하는 방식은 사람마다 다르다. 기도를 시작하자마자 방언으로 기도하는 이도 있고 어떤 이는 큰 소리로 기도하기도 한다. 필자는 침묵기도를 즐기는 편이지만 아내는 조그맣게 소리를 내어 기도하는 편이다. 기도방식이 어떻든지 성령이 내주하시는 기도를 하려면 집중력을 가지고 기도해야 한다.

투수는 공을 힘껏 던지기 위해 이를 악물게 되어 이가 일찍 망가진다고 한다. 이처럼 기도를 할 때는 기도에 집중해야 한다. 침묵기도는 통성으로 기도할 때보다 집중력을 필요로 하지만, 통성기도는 시간과 장소를 가리지 않고 기도할 때 적용하기 힘든 방식이다. 그래서 필자는 침묵기도를 즐겨 사용하는 편이지만, 때로는 자그마한 목소리로 기도하거나 우렁찬 소리로 기도하기도 한다. 또한 기도할 때마다 팔을 몸에 붙이고 짧게 떨면서 아랫배에 힘을 주어 근육을 긴장시킨다. 그리고 심호흡을 하며 크게 들이쉬고 천천히 내뱉으면서 아랫배에 힘이 들어가게 하면서 기도한다. 이렇게 근육을 긴장시키는 이유는 고도의 집중력을 유지하기 위해서이다. 몸에 힘을 주면서 집중력 있게 기도하면 어느새 기도에 몰입이 되고 온몸이 리드미컬하게 흔들리는 현상이 나타난다. 어떤 때는 성령이 아주 충만해져서 온몸이 사시나무 떨리듯 떠는 현상도 나타난다. 자신이 일부러 몸을 흔드는 것이 아니라 자기도 모르게 몸이 흔들리는 것은 기도에 몰입되고 있다는 현상으로 보아도 좋다.

처음부터 몸에 힘을 주고 기도에 집중하는 것을 습관 들이는 것이 좋다. 어떤 이는 그냥 조용히 기도하는 것을 선호한다. 그러나 조용히 침묵으로 기도하는 방식은 잡념이 들거나 졸리기 쉽다. 침묵기도는 몰입하기 힘들기 때문에 따라 하기 힘든 기도방식인데 필자처럼 아랫배에 힘을 주고 팔을 짧게 떨면서, 특히 크게 숨을 들이쉬고 입을 조그맣게 벌려서 천천히 내쉬면서 기도하면 집중하기 좋다. 몸의 근육을 긴장시키고 기도하는 것은 에너지가 많이 소모되는 기도방식이다. 하지만 처음에 힘을 주고 몸을 흔들며 기도하다가 기도에 몰입이 되면 자신도 모르게 조용히 기도에 빨려 들어간 상태를 경험하게 된다.

그러나 대부분의 크리스천은 기도에 몰입되기보다 자신이 원하는 기도목록을 외치고 나서는 기도를 끝내기 일쑤이다. 기도를 시작하면 성령이 내주할 때까지 하나님의 이름을 부르면서 찬양하고 감사하고 경배하는 기도를 하면서 성령을 기다려야 한다. 그렇지 않고 기도를 시작하기 무섭게 기도목록을 외치는 기도는 성령과 상관없는 기도이며 하나님이 듣지 않는 기도이다. 기도란 성령과 내 영혼이 깊게 교통하며 소통하는 영적 교제이다. 성령이 임재하지 않는 기도란 독백에 불과하다. 많은 사람들이 기도훈련에 무지하여 그런 무의미한 기도를 하고 있는 게 안타깝다.

8

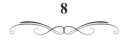

방해받지 않는 시간을 내라

✦

성경적인 기도방식은 쉬지 않고 기도하는 것이다. 즉 일상의 삶에서 기회가 나는 대로 기도하는 것을 말한다. 그렇지만 이런 기도방식을 올곧게 실천하고 있는 크리스천을 보는 것은 어렵다. 새벽기도회에 성실하게 참석하는 것도 현실적으로 버거운 일이다. 새벽기도회는 보통 오전 5시 30분경에 열리는데 그렇다면 오전 5시에는 일어나야 한다. 5시에 일어나려면 밤 10시에서 밤 11시 이전에는 잠자리에 들어야 한다는 계산이 나온다. 여기에 만만치 않은 딜레마가 있다. 밤 10시에 잠자리에 드는 현대인들이 거의 없기 때문이다. 그래서 새벽기도회에 참석하는 사람들은 전업주부나 늦게 출근해도 되는 자영업자 혹은 은퇴한 노인들이 대부분이다.

쉬지 않는 기도의 습관을 들이려면 방해받지 않은 기도를 바탕으로 해야 가능하다. 방해받지 않은 시간에 최소한 한 시간 정도 기도해야 깊이 몰입되는 기도를 할 수 있는데 이런 기도를 해야 낮에도 성령 충만해져서 틈나는 대로 기도할 수 있게 된다. 그렇다면 방해받지 않은 시간은 언제인가? 대부분의 사람들은 아침 잠자리에 일어나서 출근하기 전 새벽시간일 것이다. 새벽뿐만 아니라 잠자리에 들기 전의 밤시간도 가능하다. 하나님과 깊게 교제하며 동행하는 삶을 원하려면 새벽과 밤, 두 차례에 적어도 각각 한 시간씩 기도시간을 할애할 수 있어야 한다. 그러나 교회의 새벽기도회에 참여하여 10~20분에 불과한 기도를 한다고 해서 성령이 내주하시는 기도를 할 수 없다. 기도를 시작하면 적어도 삼십 분간은 하나님을 부르며 찬양하고 감사하는 기도를 해야 성령이 내주하며 몰입되는 기도를 경험할 수 있다. 하나, 이런 과정을 생략한 채 자신이 원하는 목록만을 외치며 기도를 끝냈다면 그건 기도 행위가 아니라 통보인 셈이다.

필자는 새벽과 잠자리에 들기 전에 각각 두 시간 정도의 기도시간을 갖고 있다. 그러나 처음에는 새벽이나 밤시간 중 하나를 택해서 한 시간 정도 기도하는 습관이 필요하다. 적어도 한 시간은 기도해야 성령 충만한 기도를 할 수 있다. 교회의 새벽기도회에 참여하더라도 최소한 한 시간은 기도해야 한다. 교회에 가고 오는 시간 때문에 한 시간 이상의 기도시간이 부족하다면 집에서 하는 것도 좋은 방법이다. 교회에서 기도하는 것과 집에서 기도하는 것은 마음가짐이 다르다. 교회에서 한다면 엄숙한 분위기 때문에 마음을 집중할 수 있지만 집에서 하려면 감독하는 사람이 없어서 마음이 흐트러지기 마련이다. 그러나 가장 좋은 방법은 어디서든 한 시간 이상 기도할 수 있는 습관을 들이는 것이다. 그래서 성령이 내주하는 기도를 체험할 수 있으며 하루 종일 기도의 삶을 살 수 있는 동력을 얻게 된다.

성경적인 기도 가이드

9

기도를 삶의 최우선에 두라

✦

신앙생활을 시작하면 기도가 중요하다는 걸 모르는 크리스천은 없다. 그렇지만 성경대로 기도 습관을 들인 크리스천도 찾기 힘들다. 새벽기도회에 참석하고 있다면 열심히 기도하고 있다고 생각하겠지만 그건 사람의 판단일 뿐이지 하나님의 생각은 아니다. 많은 사람들이 기도를 할 때는 삶에 문제가 있을 때이다. 그래서 새벽기도를 작정하고 기도원을 찾아다니며 금식기도도 마다하지 않는다. 그러다가 문제가 해결되면 기도도 같이 끝낸다. 아마 다시 문제가 생길 때까지 형식적인 신앙생활을 반복하게 될 것이다.

그렇다면 문제가 발생했을 때 기도를 시작한 사람들은 신속하게 응답을 받고 문제가 해결되는 것을 체험하는가? 결론부터 말하자면 그럴 확률은 그리 높지 않다. 평소에 기도하지 않다가 문제가 생겨 기도하는 것은 쉽지 않다. 물론 문제가 심각하기에 졸린 눈을 비비고 일찍 일어나 새벽기도회에 참석하며 주말이면 근교의 기도원을 찾아가 기도하기는 하지만, 기도 습관이 되어 있지 않은 상태에서 깊이 몰입하는 기도를 하는 것은 어려운 일이다. 그래서 애쓰고 노력한 만큼 기도하지 못한다. 기도란 영적인 일이라 영이신 하나님과 내 영혼이 만나는 영적 습관을 들여야 가능한 일이다. 그래서 다급하게 기도하더라도 아무런 메시지를 받지 못하고 응답도 없이 기도를 내려놓는 일이 허다하다. 그런 일을 몇 번 반복하면 문제가 생기더라도 기도를 시도하지 않는다. 그간 응답이 없던 학습효과 때문이다. 이런 사람들은 시간이 갈수록 신앙에 힘이 없어지고 형식적으로 예배에 나오는 것도 시들해지기 쉽다.

하나님은 자신의 뜻을 드러낸 성경에서 무엇이든지 믿고 구하는 것은 받을 것이라고 말씀하셨다. 그렇지만 아이러니하게도, 이 말을 삶에 적용하는 크리스천은 소수에 불과하다. 그 이유는 기도를 삶의 최우선으로 두고 살지 않기 때문이다. 기도란 하나님과 소통하고 대화하며 교제하는 통로이다. 기도 없이 하나님과 동행하는 삶을 이룰 수 없다. 하나님과 동행하는 삶은 곧 일상의 삶에서 끊임없이 기도하며 살아야 한다. 바울사도의 유명한 '쉬지 않고 기도하라'라는 말씀에서 '쉬지 않고'라는 헬라어 ἀδιαλείπτως(아디아레이프토스)는 '끊임없이'라는 뜻이다. 삶의 현장에서 끊임없이 기도하는 것을 습관으로 들이지 않으면 안 된다는 뜻이다. 그래서 사무엘은 "기도를 쉬는 죄를 범치 않겠다" (삼상 12:23)라는 말까지 했을 정도이다. 다니엘은 자신을 죽이려는 음모를 꾸미는 원수들이 보는 데서도 창문을 활짝 열고 하루 세 번씩 기도했다. 목숨보다 더 기도를 우선순위에 두었기에 가능한 일이다.

그러나 우리의 모습은 어떤가? 대부분의 사람들은 시간이 없어서 기도하지 못한다고 한다. 그러면서도 돈을 버는 일에는 야근도 휴일도 마다하지 않는다. 퇴근 후에는 인생을 즐기느라 자정이 넘어서야 집에 들어오는 이들도 많다. 그런데 정작 기도시간을 내라면 시간이 없다고 한다. 기도할 시간이 없는 것이 아니라 삶의 다른 우선순위에 밀려서 기도시간을 내지 못하는 것이다. 이처럼 기도응답이 없는 이유는 하나님을 만나는 일에 관심이 없어서이다. 하나님은 알라딘의 램프에 나오는 지니처럼, 램프만 문지르면 '펑' 하고 나타나지 않는다. 일상에서 하나님을 만나는 영적 습관을 들인 이들에게만 나타나시는 분이시다.

10

조급증을 버려라

많은 크리스천들은 기도를 하지 않다가 다급한 문제가 발생하면 기도를 시작한다. 문제가 다급하기에 기도응답이 쉽게 오지 않으면 희생의 강도를 더한다. 새벽기도에 작정기도, 심지어는 보따리를 싸서 기도원을 찾아다니며 금식기도를 마다하지 않는다. 그렇지만 안타깝게도 기도응답을 받고 문제가 해결되었다는 얘기는 듣기 어렵다. 왜 그럴까? 결론부터 말하자면 기도응답은 우리가 예상하는 시간보다 오래 걸리기 때문이다. 우리는 기도를 시작하자마자 응답이 쏜살같이 내려올 것을 기대하지만 실상은 그렇지 않다. 물론 시간을 다투는 화급한 일이라면 응답이 빨리 내려오기도 하지만 대부분의 응답은 아주 오랜 시간이 걸린다. 그래서 많은 사람들은 아무리 기도해도 응답이 없자 제풀에 지쳐 기도를 포기하는 게 일반적인 현상이다. 그래서 기도응답을 받으려면 조급증을 버리는 게 급선무이다. 기도응답이 왜 이리 오래 걸리는지 의문을 갖는 크리스천도 적지 않다. 응답을 내려 주시는 분은 하나님이시기 때문에 응답을 주는 시기는 하나님 마음이다. 즉 기도응답은 그분의 주권이다. 요청하는 사람들의 마음에 따라 주는 것은 아니라는 얘기다.

성경적인 기도 가이드

기도응답이 오래 걸리는 이유는 여러 가지가 있겠지만 가장 중요한 요소는 믿음이다. 평소에 하나님과 깊은 교제가 없이 살아오다가 다급한 문제가 생겨 기도를 시작했다고 하더라도 순식간에 믿음이 채워지는 것은 아니다. 견고한 믿음이 생기려면 오랜 기간 기도와 말씀으로 채워야 한다. 또한 믿음은 하나님을 체험하는 사건들이 삶의 현장에서 켜켜이 쌓여야 한다. 결국 기도로써 하나님을 경험하고 그 경험이 쌓여서 견고한 믿음으로 변한다. 이처럼 기도를 시작해도 믿음이 생기기까지는 오랜 시간이 걸리기에 응답이 더디 오는 것이다. 견고한 믿음을 보유하고 있다고 능사가 아니다. 기도응답에는 하나님이 정하신 때가 있다. 우리의 부족한 생각으로는 알 수 없지만, 전지전능한 하나님은 언제가 가장 최적의 때인지 알기에 그때까지 침묵하고 계시는 것이다. 기도의 사안에 따라 응답이 내려오는 기간이 달라지기도 한다. 필자의 경험으로 보면, 삶의 지난한 문제의 해결은 그나마 응답이 빨리 오는 편이지만 소원하는 목록들은 비교적 오래 걸린다.

이렇게 기도응답이 오래 걸릴 수 있다는 것을 알았다면 시작부터 느긋하게 마음먹고 기도해야 한다. 조급하게 마음먹고 있다면 실망과 낙담으로 중도에 포기하게 된다. 응답이 없더라도 하나님은 우리의 기도를 듣고 계시고 지켜보고 계신다. 자신이 소원하는 응답이 오지 않았더라도 충분히 살아갈 수 있도록 보호하시고 인도하여 주신다. 그러므로 하나님이 최고의 때에 맞추어 주시는 것을 믿고 있다면 빨리 응답이 내려오지 않더라도 조급해할 필요가 없다. 참고로, 필자는 사역이 열리기까지 10년이 넘도록 기도해 왔다. 그러다가 성령께서 찾아와 주셔서 영음으로,

사역이 열리는 최적의 때는 하나님께 있다고 말씀해 주셨다. 덧붙여 필자의 사역 또한 하나님의 사역이라고 말씀해 주셨다. 그러므로 조급해하는 것은 믿음이 부족한 것을 드러내는 것일 뿐이다. 늦게 응답이 오더라도 하나님께서 최고의 때에 맞추어 주시는 것을 믿고 있다면 그저 감사할 수밖에 없다.

성경적인 기도 가이드

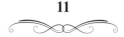

11

새벽과 밤에 기도할 시간이 부족하다면
낮에 일하면서 기도해서 채우라

우리나라 교회의 새벽기도회 시간은 대략 새벽 5시 30분이다. 그렇다면 적어도 새벽 5시에는 일어나야 한다. 새벽 5시에 일어나려면 밤 10시나 적어도 밤 11시에 잠자리에 들어야 한다. 그렇지만 자영업을 하거나 직장생활을 하는 이들 중에 밤 10시에 자는 사람들은 거의 없다. 그래서 새벽기도회에 갔다 오는 날이면 하루 종일 수면부족에 시달려야 한다. 물론 새벽기도회에 나가는 결심을 했다면 다른 일을 제쳐 놓고 일찍 잠들면 된다. 그렇지만 공무원이라면 모를까 대부분의 직장인이라면 정시 퇴근은 그림의 떡이며 자영업자는 밤 10시 이후에나 문을 닫는다. 그래서 새벽에 시간을 낼 수 없다면 잠자리에 들기 전, 밤에 기도하는 습관을 들이면 가능하다.

그렇지만 현실은 더욱 냉혹하다. 대부분의 사람들은 밤에 기도하는 것보다 새벽에 기도하는 것이 더욱 쉽다고 느끼기 때문이다. 왜냐면 하루 종일 시달린 몸과 정신을 기도에 집중하는 것은 기도의 습관을 들인 이들에게조차 어려운 일이다. 자영업을 하는 사람들은 자정이 넘어서야 잠자리에 들 수 있는데, 어떻게 기도하고 잘 수 있겠는가? 직장인들도 어렵기는 마찬가지다. 밤늦도록 왜 그렇게 할 일들이 많은지? 모임이라도 있는 날은 늦게까지 이곳저곳을 몰려다니며, TV나 영화, 컴퓨터를 즐기는 사람이라면 밤늦은 시간이 최고의 때이지 않은가? 그래서 규칙적으로 밤 시간을 정해 놓고 기도하는 것이 불가능하다는 볼멘소리가 나온다.

필자의 지인은 커튼을 만드는 자영업자이면서 잔 손길을 필요로 하는 어린 장애 아들을 키우는 주부이다. 그래서 새벽부터 밤늦게까지 정신없이 바쁘다. 그렇지만 역경과 고난 덕에 길지 않은 신앙의 연륜에도 견고한 믿음으로 성장했다. 그런데 기도가 늘 마음에 걸렸다. 그래서 같은 교회에 다니던 집사님의 권유대로 새벽예배에 참석했다가 하루 종일 피곤해서 일을 하지 못했다고 한다. 그다음부터는 일터에서 기도하고 있다. 따로 시간을 내서 기도하는 게 아니라 일하면서 중얼거리며 기도하는 것이다. 물론 일하면서 기도하는 것은 집중력이 없으면 어렵다. 그렇지만 불가능한 것도 아니다. 필자는 낮에도 기도하는 습관을 들이고 있는데 차를 타고 가면서 혹은 병원에서 치료를 기다리면서, 산책하거나 운동하면서도 기도한다. 이렇게 공부나 업무에 몰두하는 경우가 아니라면 언제든지 기도할 수 있다. 그러나 소음이 있고 중간에 기도가 방해받는 상황에서 기도하는 습관을 들이려면 기도에 대한 갈급한 마음이 있어야 한다. 쉽지 않은 일이지만 습관을 들이면 누구나 가능하다. 새벽이나 밤에 기도하기 어려운 형편이라면 낮이라도 기도하려고 애쓰고 노력한다면 하루 종일 기도하는 습관을 들일 수 있다.

성경적인 기도 가이드

12

하나님이 원하시는 것은 상한 심령이다

✦

"하나님께서 구하시는 제사는 상한 심령이라 하나님이여 상하고 통회하는 마음을 주께서 멸시하지 아니하시리이다" (시 51:17) '상한 심령'이라는 말은 하나님 앞에서 불쌍히 여김을 받기를 바라는 상징적인 표현이다. 하나님은 당신의 자녀를 사랑하시고 불행에 빠지면 안타까워 어쩌지못하시는 분이시다. 이를 잘 보여 주는 것이, 바로 바리새인과 세리의 기도이다. 바리새인은 자신의 신앙을 자랑하면서 옆의 세리와 다르다는 것을 교만하게 말하며 기도했다. 하지만 하늘을 바라보지도 못하고 자신은죄인이며 불쌍히 여겨 달라는 세리의 기도를 보신 예수님은, 하나님께서의롭다고 여기는 사람은 바리새인이 아니라 세리라고 하시며 하나님 앞에서 자신을 낮추는 자가 되어야 한다고 말씀하셨다.

많은 사람들이 기도하지만 겸손을 드러내며 불쌍히 여겨 달라는 기도를 하는 것은 보기가 쉽지 않다. 적지 않은 사람들은 마음속으로 자신의희생적인 기도 행위를 드러내고 싶어 한다. 사실 많은 말로 기도하지 않더라도 간절한 마음으로 자신을 불쌍히 여겨 달라는 기도를 반복해도 능력 있는 기도가 된다. 하나님은 우리가 말로 기도해야 듣는 분이 아니다. 기도하기 전에 우리가 무엇을 바라는지를 이미 알고 계시 다. 하나님은 항상 마음의 중심을 보시고 계신다. 많은 기도를 해야 들어주시는 분이 아니다. 하나님이 싫어하시는 기도라면 귀를 가리고 얼굴을 돌리시는 분이시다. 그러므로 모든 기도에는 겸손한 마음으로 불쌍히 여겨 달라는 태도가 중심이 되어야 한다. 예수님께서 가르쳐 주신 산상수훈에도 하늘의 복을 받는 사람들은 모두 마음이 가난하고 슬퍼하며 핍박을 받는 사람들이다. 이들의 기도를 직접 들어 보지 않더라도 어렵지 않게 알 수 있다. 다급한 마음으로 자신을 불쌍히 여겨 달라고 기도할 수밖에 없는 형편이기 때문이다.

13

결단력은 기도응답의 필수조건이다

♦

　필자의 지인은 불교 신자였기에 늦둥이 아들이 갑자기 심장이 멈추어 생사를 넘나드는 위태로운 상황이 되자 응급실에서 한 시간 넘게 부처를 찾으며 기도했다고 한다. 그래도 아무런 효과가 없자 그동안 자신에게 예수님을 믿으라던 이들이 생각나서 예수님을 찾으며 자신의 아들을 살려 주신다면 평생 섬기겠다는 약속을 했다. 그러자 그 즉시 간호사가 달려와 아들이 심폐기능이 정상으로 돌아왔다고 알렸다. 이후로 그녀는 열성적인 크리스천이 되었다. 매일 그녀는 그날의 감사를 잊지 않고 전도와 기도, 예배 행위에 최선을 다하고 있다.

　필자는 오래전부터 기도훈련을 하면서 기도에 임하는 사람들의 결과를 유심히 관찰하고 있다. 기도훈련은 기도응답을 원하는 기도가 아니라 하나님이 기뻐하시는 성경적인 기도 습관을 배우고 훈련하는 것이다. 그러므로 영성학교의 기도훈련은 성령이 내주하시는 기도 습관을 우선적으로 가르치고 있다. 성령이 임재하는 기도의 비결은 지속적으로 간절히 기도하는 데 있다. 단기간에 간절히 기도하는 것은 마음만 먹으면 누구나 가능하지만, 한 달이나 두 달이 넘어가면 초심을 잊어버리고 포기하는 이들이 허다하다. 성령이 임재하는 기도를 체험하려면 대부분 몇 달이 걸리는 게 보통이다. 그렇지만 단호한 결단력이 없다면 그 오랜 기간을 견디어 낼 수가 없다. 그래서 기도를 시작하는 이들은 적지 않지만 성령이 내주하시는 기도의 습관을 들인 이들은 소수에 불과하다.

교회의 관행이나 우리의 생각이 어떠할지라도, 하나님은 새벽기도회에 나가 10~20분 정도 기도하는 모습을 요구하시지 않는다. 교회의 기도회뿐 아니라 일상에서 항상 기도하고 끊임없이 하나님을 찾고 찬양하며 기도하는 모습을 요구하신다. 이러한 기도의 습관을 들이려면 자신이 원하는 삶의 방식에서 하나님을 최우선 순위에 두는 삶의 방식으로 변화해야 한다. 그래야 성경적인 기도 습관을 들일 수 있다. 그렇지만 이는 단호한 결단력이 없이는 불가능하다. 성령이 내주하시면 모든 것을 인도해 주시겠지만 처음에는 자신의 의지로 시작할 수밖에 없다. 중간중간 믿음이 흐트러지는 힘든 상황이 닥쳐도 굳건히 버티려면 결단력이 없어서는 안 된다. 하나님은 자신보다 더 좋아하는 것을 우상이라고 말씀하셨다. 다른 종교뿐 아니라 돈, 자녀, 욕망 등도 얼마든지 우상이 될 수 있다. 하나님을 하나님으로 섬기려면 단호한 결단력이 필요하며, 기도의 습관을 들이는 데서 결단력의 유무를 잘 판단할 수 있다.

14

기도응답이 오는 기간은 사안마다 다르다

✦

대부분의 크리스천은 기도를 시작하자마자 응답이 신속하게 내려오기를 기대하고 있다. 응답이 더디 온다는 생각이 들면 희생의 정도를 높이기 일쑤이다. 새벽기도를 작정하고 기도원에 들어가 금식기도에 돌입한다. 매 기도회 때마다 두둑한 헌금도 마다하지 않는다. 그렇게 해야 하나님이 감동하셔서 응답이 신속하게 올 것이라고 생각한다. 이 같은 생각은 자신이 다니는 교회의 목회자에게서 나왔을 것이다. 문제가 해결되지 않으면 새벽기도회에 나오라고 강요하는 목회자들이 적지 않다. 평소에 기도를 하지 않는 이들이라도 새벽기도회에 나와서 기도를 시작한다면 즉각 하나님이 응답하실 것이라는 지론이다. 그렇지만 현실은 그리 녹록치 않다. 어렵사리 졸린 눈을 비비고 새벽기도회에 참석했지만 졸다가 황급하게 버스 출발시간에 맞추어 떠나기 일쑤이다. 물론 열심히 기도하는 이들도 적지 않다. 그렇지만 기도응답은 그들이 바라는 대로 쉽게 오지 않는다. 왜 그럴까?

평소에 기도훈련이 되어 있지 않다면 믿음도 형편없다고 보아야 한다. 규칙적인 기도 없이 믿음이 자랄 수 없기 때문이다. 그러다가 삶에 지난한 문제가 닥치고 나서야 기도를 결심한다. 기도를 응답해 주시는 시기는 전적으로 하나님의 주권 아래에 있다. 대부분 어느 정도 믿음이 올라와야 응답이 오기 시작한다. 기도를 시작한다고 하나님이 원하시는 믿음이 되는 것은 아니다. 적지 않은 시간을 들여야 가능하다. 그렇지만 많은 사람들은 그 시간을 기다리지 못하고 조급해하다 중도에 포기하기 십상이다. 또한 기도의 사안에 따라 응답이 오는 시간도 다르다. 그나마 삶의 문제를 해결하는 사안들은 다른 것들에 비해 응답이 빠른 편이지만 성품이나 영적 능력, 사역의 열매에 관한 것들은 오래 걸리는 게 일반적이다. 그렇지만 이 역시 하나님의 권한이다. 또한 응답이 오는 것은 기도하는 태도에 달려 있다. 기도에 몰입하여 간절히 기도하는 태도를 보이고 있다면 응답이 빠르게 오겠지만, 적당하게 시간을 보내는 이들은 오래 걸릴 것이 분명하다. 하나님은 믿음의 태도를 보고 계시기 때문이다. 이처럼 열심히 기도한다고 하더라도 사안에 따라 다르고 같은 사안이라고 해도 기도하는 태도에 따라 다르다. 공통적으로 적용되는 것은 견고한 믿음의 정도일 것이다.

15

하나님이 기뻐하시는 기도를 하라

✦

기도를 하다 보면 나름대로 기도목록을 갖게 된다. 대부분의 크리스천이라면 자신을 포함한 가족들이 세상에서 하는 일마다 잘되고 성공적으로 살게 해 달라는 내용이 빠지지 않을 것이며, 필자처럼 목회하는 신분이라면 자연스레 교회의 양들이 잘되게 해 달라는 기도를 하게 된다. 기도에는 기복적인 요소가 기본적으로 들어 있어서 그럴 것이다. 그렇지만 기도하는 사람 편에서 보는 것보다 응답해 주시는 하나님을 감동시키는 기도라야 효과가 있을 것이 분명하다.

적지 않은 사람들은 기도를 시작하자마자 자신이 받고 싶은 기도목록을 큰 소리로 나열하기 일쑤이다. 그러나 하나님은 한계를 가진 육체를 지닌 분이 아니라 전지전능한 분이기에 기도하지 않더라도 이미 우리의 마음을 읽고 계시다. 그러므로 기도하다 빼먹은 내용이 있더라도 다시 기도하지 않아도 된다. 자신이 받고 싶은 내용을 하루도 빼먹지 않고 성실하게 요청하는 행위보다 더 중요한 것은 하나님이 기뻐하시는 기도를 하는 것이다. 하나님을 감동시키는 기도를 한다면 자연스레 자신이 소원하는 것들을 응답해 주시는 것은 불 보듯 환한 일이다.

하나님이 기뻐하시는 기도는 어렵지 않다. 그분의 뜻을 구하는 기도를 하는 것이다. 하나님이 기뻐하시는 뜻은 성경에 자세히 나와 있다. 그러므로 성경을 열심히 읽고 묵상하며 기도한다면 성령께서 깨달음을 주셔서 구체적으로 알게 된다. 그렇지만 안타깝게도 우리들은 하나님의 뜻을 구하는 기도를 하기보다 자신이 원하는 기도가 전부인 경우가 많다. 이 글을 읽으면서 그동안 자신의 기도에서 하나님의 뜻을 구하는 기도가 얼마나 많은 비중을 차지하고 있었는지 곱씹어 보라. 부끄러울 정도로 적을 것이다.

하나님이 기뻐하시는 기도를 하려면 항상 하나님이 기뻐하시는 뜻을 구하는 기도 습관을 들여야 한다. 기도를 시작하면 자신도 모르게 하나님의 뜻을 구하는 내용부터 해 보라. 그러면 성경을 읽을 때나 기도할 때 늘 당신의 뜻을 환하게 깨닫게 해 주신다. 이러한 기도가 하나님을 기쁘시게 하기 때문이다. 그러면 자신이 소원하는 것들은 굳이 기도하지 않더라도 하나님께서 응답해 주신다. 하나님은 우리의 주인이시지 하인이 아니다. 자신의 욕망을 채우는 기도는 하나님을 하인으로 아는 기도이다. 하나님을 자신의 주인으로 안다면 그분이 기뻐하시는 뜻이 무엇인지 늘 생각하고 고민하게 된다. 그런 사람이 된다면 기도하는 것마다 응답이 신속하게 내려올 것이다.

16

기도란 수많은 실망과의 싸움이다

◆

예전에 지인의 중학생 아들이 학교에서 불미스러운 사건에 휘말려서 학교에서 전학을 명령하였다. 그래서 필자 부부는 이 문제를 놓고 간절한 기도를 하였지만 결과는 우리가 원하던 게 아니었다. 이런 실망스러운 결과는 필자의 인생에 걸쳐 수도 없이 나타났다. 필자가 신학교에 들어갈 때 세 가지의 기도응답을 받았다. 그렇지만 졸업할 때는 필자의 소원이 이루어지지 않아 목회지로 가지 않고 세상에 나간 과거사도 있다. 말하자면 기도를 많이 한 사람일수록 실망스런 결과도 많이 접했을 것이 분명하다. 성경에는 믿고 기도하는 것마다 받은 줄로 믿으라고 말씀하셨는데, 이런 결과를 받아드는 심정은 암울하기만 하다.

그런데 이런 결과는 왜 일어나는 것일까? 결론부터 말하자면 우리의 생각과 하나님의 생각은 많은 차이가 나기 때문이다. 우리는 기도하는 것마다 자신의 소원대로 즉각 응답이 올 것을 기대한다. 그렇지만 이는 우리의 생각일 뿐이다. 하나님은 우리의 소원을 이루어 주시지만 당장 이루어 주시기보다는 먼 훗날을 기약하고 훈련을 통해 우리의 믿음과 성품 그리고 인내가 자라기를 원하신다. 또한 우리는 어떤 결과가 스스로에게 좋은 응답인지 알지 못한다. 그러나 전지전능하신 하나님은 무엇인 최상의 결과인지 누구보다 잘 알고 계시다. 비록 입에는 쓰지만 몸에 좋은 양약이 필요하다고 해도 우리는 어리석고 무지하여 이를 알지 못한다.

또한 우리는 자신의 욕망을 채우는 기도를 할 때가 적지 않다. 그러나 하나님은 자신의 뜻대로 우리를 인도하신다. 그렇기에 실망스런 결과를 많이 접하게 되는 것이다. 하나님은 자신의 선한 뜻을 이루어 나가기 위해 시간이 걸리더라도 오랜 시간의 훈련을 하게 하신다. 그래서 우리가 원한 결과가 아니더라도 먼 훗날에는 우리를 위한 최상의 결과라는 것을 깨닫게 되는 일도 비일비재하다. 그렇더라도 많은 시간 애쓴 결과가 허탈함뿐이라면 이 역시 떨쳐 버리는 것도 쉬운 일은 아니다. 비록 자신이 원한 결과가 아니더라도 하나님의 선함을 믿는 것이 중요하다. 하나님은 우리의 믿음을 달아 보시며 입에서 단내가 나는 훈련을 통해 당신이 원하시는 종의 자격을 갖추기를 원하신다. 이를 깨닫는 믿음과 통찰력이 부족해서 알지 못할 뿐이지만 말이다. 어쨌든 기도의 달인이 되는 길은 수많은 실망과 좌절을 통과해야 하는 과정이다. 이는 자신이 소원하는 기도에서 하나님이 기뻐하시는 기도로 바뀌는 여정이기도 하다. 그러므로 실망스러운 결과가 나오면 자신을 단련시키고 있는 하나님을 찬양해야 할 것이다.

몸을 피곤하게 만들지 말라

✦

공부도 그렇지만 기도는 정신으로 하는 영적 행위이다. 그러므로 정신력을 최고로 올려야 몰입이 잘될 수 있다. 이것은 몸을 최고의 컨디션으로 유지해야 한다는 말이다. 몸이 여기저기 쑤시고 아프며 피곤하다면 기도시간은 고문처럼 생각될 것이다. 기도에 몰입되고 싶다면 몸을 최상의 컨디션으로 유지해야 한다. 필자는 하루 여섯 시간 이상을 자려고 노력한다. 그 이상 자면 좋겠지만 빡빡한 하루 일과에 쉬운 일이 아니기에 적어도 여섯 시간은 자려고 노력한다. 또한 피곤하면 낮에도 잠깐이라도 낮잠을 자려고 한다. 낮잠을 자고 나면 몸이 개운하고 머리가 텅 비어 있어 기도집중이 잘된다.

그러나 아무리 피곤해도 낮에 푹 쉬거나 낮잠을 잘 수 있는 현대인은 그리 많지 않을 것이다. 그렇기에 평소에 몸을 피곤하지 않게 만드는 게 중요하다. 그중에서도 잠을 푹 자 두는 것이 필요하다. 필자는 오전 7시 30분에 일어나 두 시간 동안 아침기도를 한다. 일찍 출근해야 하는 직장인도 아니고 새벽기도회도 없으니까 가능한 일이다. 만약 더 일찍 일어나야 한다면 일찍 잠자리에 들어야 한다. 그렇지 않으면 새벽기도시간을 졸다가 마치는 일이 허다할 것이다. 필자도 기도훈련의 처음에는 잡념에 휩싸여 졸다가 기도시간을 보내는 일이 적지 않았다. 그 이유가 아침에 일어나도 피곤이 쉬 가시지 않았기 때문이다. 아침기도를 잘하려면 저녁에 TV나 영화, 컴퓨터 게임 등으로 시간을 허비하지 말아야 한다. 잠잘 시간이 부족한 것은 물론이고 TV나 컴퓨터 게임은 정신에너지를 몹시 소모하게 만든다. 그래서 밤늦게까지 여기에 빠져 있다면 밤기도나 새벽기도는 언감생심이다.

짐작하시겠지만 필자의 집에는 TV가 없으며 인터넷 서핑을 하거나 스마트폰으로 게임을 하는 일도 전혀 없다. 이러한 일은 정신에너지를 몹시 빼앗기 때문에 처음부터 이런 것에 발을 들이지 않았다. 필자가 규칙적으로 밤기도와 아침기도의 습관을 들일 수 있었던 것은 정신에너지를 빼앗는 다른 어떤 것에도 한눈을 팔지 않았기에 가능했다. 그래서 사역이 열리기 전에, 아내와 생업을 하면서도 사역과 목회를 병행할 수 있는 기도의 동력을 얻을 수가 있었다. 현대사회는 시선을 빼앗는 각종 오락거리로 가득 차 있다. 자정이 넘어도 도심 한복판은 수많은 인파들로 북적거린다. 자정이 넘어서 오락을 하거나 사람들을 만나고 있는데 어떻게 기도할 수 있을까? 시간을 내지도 못하겠지만 설령 시간을 내더라도 몸과 정신이 피곤해져서 기도에 집중할 수 없다. 일상의 삶에서 기도의 습관을 들이는 일이 어려운 이유는 기도를 위한 에너지가 충전되어 있지 않기 때문이다.

18

몸이 반응하도록 반복해서 기도하라

✦

필자의 소망은 기도의 달인이 되는 것이다. 달인이란 전문가의 경지를 넘어선 통달의 경지에 이른 사람을 가리킨다. 기도를 통해 하나님과 동행하는 사람이 되고 싶은 것은 물론 하나님이 요긴하게 사용하시는 도구의 삶을 사는 것이 최고의 행복이라고 여긴다. 하나님이 요긴하게 사용하려면 탁월한 성령의 능력을 받아야 한다. 하나님의 종이 아니더라도 고단하고 팍팍한 인생길에 하나님이 함께하신다면 형통하고 평안한 삶은 보장되었기 때문이기도 하다. 이같은 내용을 모르는 크리스천은 별로 없을 것이다. 자신도 그런 기도의 사람이 되고 싶지만 실상 기도를 습관적으로 하는 게 보통 어려운 게 아니다. 그래서 새벽기도회에 성실하게 참석하는 게 희망사항이 되어 버린 지금 일상의 삶에서 쉼 없는 기도 습관을 들인다는 것은 그림의 떡처럼 보인다.

어떤 분야든 달인의 경지에 들어서려면 수많은 시간을 인내하며 통과해야 한다. 같은 행위를 반복하다 보면 생각보다 몸이 먼저 반응하는 날이 온다. 이런 경우를 감(感)이 온다고 말한다. 정신적인 분야는 통찰력이나 영감이 번득이는 경지에 올랐다고 보면 된다. 기도도 마찬가지이다. 처음에는 자신의 의지로 기도하려고 애쓰지만 많은 시간이 지나면 자신도 모르게 기도하는 날이 온다. 말하자면 몸이 먼저 반응하고 있는 순간이다. 그런 경지가 되어서야 비로소 예수님의 말씀처럼 항상 기도하며, 바울의 권면대로 쉬지 않고 기도하는 수준에 들어서게 되는 것이다. 이런 기도의 경지에 오르려면 교회에서 정한 기도회에 성실하게 참석하는 정도로는 어림도 없다. 일상에서 끊임없이 기도하는 자신을 발견해야 한다.

그러나 너무 어렵게만 생각할 일도 아니다. 세상의 분야는 자신의 땀과 노력으로 올라서야 하지만 기도는 성령이 내주하셔서 탁월한 능력으로 도와준다. 그러므로 성령이 내주할 때까지만 노력하면 되는 것이다. 성령이 내주한다고 하더라도 항상 머물러 계신다는 보장은 없다. 하나님의 뜻대로 살지 않는다면 어느새 떠나시는 분이기도 하다. 이러한 일을 방지하려면 기도의 달인의 경지에 올라 자신도 모르게 삶의 현장에서 틈만 나면 기도하는 영적 습관을 들여야 한다. 세상의 분야든 기도이든 몸이 먼저 반응하는 경지에 오르려면 무한 반복하는 방법밖에 없다. 기회만 나면 기도를 시도하고 기도를 시작하며 성령에 몰입하려고 애쓰다 보면 그날이 찾아온다. 그날이 왔다는 것은 기도의 달인이 되었다는 증거이기도 하다.

19

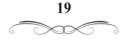

새벽기도는 정신이 확 깨고 나서 하라

◆

　필자는 아침에 일어나면 양치질과 샤워를 하고 기도에 들어간다. 처음부터 그랬던 것은 아니다. 처음에는 일어나면 그냥 서재에 들어가 기도를 시작했다. 그러나 잠이 덜 깬 탓인지 잡념이 들거나 졸기 일쑤였다. 그렇지만 무엇이 잘못되었는지 알지 못한 탓에 오랫동안 그런 기도를 했다. 많은 사람들이 기도를 하려면 교회에서 행하는 새벽기도회에 참석해야 한다고 이구동성으로 말한다. 아침 이른 시간에 깨는 게 부담스러워서 그렇지, 가기만 한다면 경건한 분위기에서 기도에 몰입할 수 있다. 그러나 새벽기도회는 새벽시간에 깨어 이동하여야 하고 한 시간 이상 기도하는 것이 힘들다. 그런 문제가 없다면 최상의 선택일 것이다. 잠자리에서 일어나 교회에 도착하면 잠이 확 깨기 때문에 기도하면서 졸 확률도 적다. 그러나 필자처럼 집에서 한다면 졸린 눈을 비비고 잠자리에서 일어나 기도하는 것만 해도 굳은 결단력과 의지를 동반해야 할 것이다. 어렵사리 기도를 시작했다 하더라도 잠이 덜 깼다면 졸기 십상이다. 그래서 꾸벅꾸벅 졸다가 다시 침대에 들어 눕는 일이 비일비재하게 된다. 그렇게 몇 번 반복하게 되면 야심차게 세웠던 기도전략은 수포로 돌아가게 된다.

집에서 기도하든 교회에서 기도하든 장소는 별로 상관이 없다. 교회가 걸어서 5분 거리에 있다면 교회에서 기도하는 것도 좋다. 그러나 한 시간 이상 기도할 수 있어야 한다. 이십여 분 남짓 기도하다가 교회 버스를 타고 집에 돌아가야 한다면 가까운 교회를 찾든지 아니면 집에서 해야 할 것이다. 그렇지만 집에서 새벽기도를 결심했다면 몇 가지 사항을 꼭 지켜야 한다. 처음에는 충분히 자 두어야 한다. 대부분의 사람들에게 여섯 시간 이상의 수면이 필요하다. 새벽 6시에 일어나 기도하기로 했다면 밤 12시 이전에 잠자리에 들어야 할 것이다. 또한 잠자리에서 일어나면 잠이 깨도록 양치와 세수는 필수이다. 필자처럼 뜨거운 물에 샤워를 할 수 있다면 금상첨화이다. 밖에 나가 잠이 깰 때까지 잠시 운동이나 산책을 하는 것도 좋은 방법이다. 필자가 처음에는 세수만 했지만 양치질을 하니 효과가 좋았다. 그러다가 샤워를 하고 난 후에는 잠이 깨지 않아 존 날은 거의 없었다. 기도는 정신을 집중하고 몰입해야 하는 영적 행위이다. 오래 기도하고 많이 기도를 시도하는 것도 좋지만, 기도할 때마다 몰입해서 기도하는 습관을 들이는 것이 더욱 중요하다.

자신이 할 수 있는 선에서 가볍게 시작하라

◆

아침 8시에도 일어나기 어려워하는 사람이 새벽 5시에 일어나 새벽기도회에 참석하려는 결연한 각오를 실천에 옮겼다고 하더라도 작심삼일로 끝낼 가능성이 농후하다. 밤 10시만 되면 눈꺼풀이 무거워 견디지 못하는 사람이 자정까지 기도하기를 결심했어도 유지하는 것은 거의 불가능하다. 툭하면 기도원을 찾아가 금식기도를 작정하는 사람이 삶의 현장에서도 이 같은 기도를 따라 할 수 없다. 많은 사람들이 단단히 결심을 하고 기도를 시작했지만 오래가지 못하는 이유가 무엇일까? 그것은 자신의 능력을 무시한 채 기도를 시작하기 때문이다. 새벽 1시가 넘어 잠자리에 드는 사람이 새벽 5시에 일어나 새벽기도회에 참석하면 그 사람의 수면 시간은 네 시간에 불과하다. 철인이 아니라면 네 시간 자고 정상적인 일상생활을 영위할 수 없다.

필자의 아내는 새벽기도가 어렵다고 했다. 아침잠이 많기 때문이다. 그래서 밤 10시에서 밤 12시까지 기도하는 것을 습관을 들였다. 평소에 기도를 하지 않다가 매일 한 시간 기도하는 것을 지키는 것은 어렵다. 그렇다면 삼십 분간 기도하는 것으로 시작하면 된다. 그래서 삼십 분 기도하는 게 습관이 든다면 한 시간으로 늘이면 어렵지 않다. 처음부터 무리하게 한 시간 기도하는 것을 시도하다가 중도에 나가떨어지는 일이 없도록 해야 한다. 교회가 집에서 오 분 거리에 있다면 교회의 새벽기도회에 참석하는 것도 좋은 방법이다. 그러나 교회를 오가는 시간이 삼십 분이 넘지만 정작 기도시간은 이십 분도 채 되지 않는다면 차라리 집에서 평안한 마음으로 한 시간 기도하는 것이 좋을 것이다. 꼭두새벽에 출근해야 하는 직장을 가지고 있다면 밤에 기도하면 되고, 늦게 퇴근한다면 아침에 기도시간을 작정하면 된다. 이도 저도 어렵다면 점심시간에 자가용 안에서 기도하는 것도 괜찮은 방법이다. 성경이 말하는 기도방식은 일상의 삶에서 기회만 나면 기도하는 것이다. 많은 시간을 내지 못하더라도 틈만 나면 하나님을 찾고 부르며 찬양하고 감사하는 기도를 잊지 않는다면 성공적인 기도 습관을 들인 것이다.

현대를 사는 우리네 크리스천은 눈코 뜰 새 없이 바쁘다. 새벽같이 일어나 밤늦게 누우며 주말도 없이 근무하는 이들이 널려 있다. 물론 일하는 시간을 줄이고 기도시간을 내면 되지만 생계비와 관련이 있어 쉽지 않다. 그래서 기도는 하고 싶지만 교회의 새벽기도회를 비롯한 각종 기도회에 참여하는 것을 엄두도 못 내고 있다. 그러므로 장소와 시간에 관계없이 자신이 할 수 있는 선에서 기도를 시작하면 된다.

필자의 지인은 자영업과 가사일로 새벽기도회에 참석하지 못해 일터에서 일하면서 마음속으로 기도한다. 주변에 사람이 없으면 통성으로 기도하기도 한다. 기도하려는 결심만 있다면 언제 어디서든 기도할 수 있다. 특정한 장소와 시간에 기도해야 한다는 고정 관념을 버려야 한다. 하나님은 장소나 시간에 관계없이 언제나 우리가 기도하면 언제나 듣는 분이시다. 그렇게 기도하다 보면 기도 시간이 늘어나게 되어 있다. 처음부터 무리하게 거창한 기도목표를 세우지 말라. 기도란 영적인 싸움이라 생각보다 만만치 않다. 쉬운 것부터 시작하여 차근차근 늘려나가야 승산이 있다.

기도란 하나님의 얼굴을 뵙는 것이다

기도란 무엇인가? 기도란 눈에 보이지 않는 영적인 존재인 하나님을 만나 그분께 경배하고 찬양하고 감사하며 요청하는 것이다. 그런데 우리가 생각하는 기도란 하나님으로부터 무엇인가를 얻어 내기 위해 요청하는 행위로만 알고 있다. 이는 채권자가 채무자를 만나자마자 채무 변제를 요청하는 것과 다를 바 없다. 하나님은 자신의 채무자가 아니라 주인이시다. 우리는 하인으로서 그분의 선처를 호소하는 것에 불과하다. 사실 희생적인 신앙 행위를 통해 요청하지 않아도 하나님은 우리가 필요하고 요구하는 게 무엇인지 잘 알고 계시다. 입으로 요청해야 하는 사람이 아니라 전지전능한 분이시다.

그런데 굳이 기도라는 행위를 통해 요청하게 하시는 이유가 무엇일까? 그것은 믿음을 보시기 위해서이다. 믿음이란 눈에 보이지 않고 귀에 들리지 않는 하나님을 기쁘시게 하는 절대적인 조건이다. 그 믿음을 드러내는 행위가 바로 기도인 것이다. 믿음 없이 기도하는 것은 불가능하기 때문이다. 기도를 하는 이유는 하나님을 만나는 통로여서 그렇다. 사실 기도란 하나님과 교제하기 위한 수단이다. 기도 행위를 통해 하나님을 만나 그분께 찬양하고 감사하고 경배를 드리는 것이다. 이게 바로 기도의 가장 중요한 목적이다. 그러므로 기도가 바로 하나님을 만나는 행위라는 것을 잊어서는 안 된다. 이른 시간에 경건한 교회가 아닌 시끌벅적한 시장 한복판에 있어도, 마음속으로 하나님을 가만히 부르기만 해도 그분은 우리의 기도를 듣고 계신다. 물론 이를 믿음으로 받아들여야 한다. 성경에 그렇게 약속하셨다.

이렇듯 기도를 부담스럽게 생각할 필요가 없다. 그냥 틈만 나면 하나님을 떠올리며 그분을 찾고 부르며 찬양하고 감사하는 게 최상의 기도이다. 많은 크리스천들이 기도를 어렵게만 생각한다. 기도는 새벽에, 그것도 교회를 찾아서 해야 한다는 고정관념이 기도를 어렵게 만든다. 그래서 아예 기도를 포기하고 사는 사람들이 많다. 우리의 자비로운 아버지이신 하나님은 육체의 아버지와 마찬가지로 자신을 자주 찾는 자녀들을 가장 기뻐하신다. 그렇게만 할 수 있다면 누구나 최고의 기도를 할 수 있다. 산책을 하거나 운동을 하면서, 지하철에서 열차를 기다리거나 병원에서 차례를 기다리면서도 얼마든지 기도를 할 수 있다. 필자는 운동을 하거나 운전을 할 때는 항상 기도하는 버릇이 있다. 기도처럼 쉬운 게 없다. 그냥 하나님을 간절히 부르기만 하면 최상의 기도가 되는 것이다. 하나님과 동행하는 삶은 이처럼 하나님의 생각으로 가득 차 있어 틈만 나면 그분께 기도하고 찬양하는 삶으로 채우게 된다. 기도를 어렵게 생각하지 말라. 언제 어디서나 그분을 가만히 부를 수만 있다면 그분이 기뻐하는 기도가 된다.

기도에 집중이 안 되거나 기도하기 싫다면 예수피를 외치거나 하나님만을 줄기차게 불러라

◆

기도의 목표는 일상의 삶에서 쉼 없이 기도하는 경지에 오르는 것이다. 이 상태가 바로 하나님과 동행하는 수준이다. 그렇지만 이러한 경지에 오르는 것은 오랜 기도훈련을 통과해야 하며, 그 이후에도 이러한 상태를 유지하기 위해 기도의 고삐를 놓아서는 안 된다. 그래서 기도란 자기와의 싸움이라는 말이 절실하게 느껴진다. 삶의 현장에서 항상 기도하는 상태를 유지하기 위해서는 아침과 밤, 방해받지 않은 시간에 한 시간 이상 깊게 기도하는 것이 절대적으로 필요하다. 이때 받은 영적 충만함이 하루 종일 이어져서 일상생활을 하면서 틈만 나면 기도하는 능력이 생긴다.

삶이 바빠지고 몸이 피곤해져서 기도시간을 줄이면 기도의 탄력이 현저하게 줄어든다. 비슷하게 기도의 모습은 보여 주고 있더라도 기쁘고 평안한 마음의 상태와 풍성한 기도의 열매는 형편없이 쪼그라든다. 동시에 이전의 상태로 되돌아가고 싶은 갈급함이 생겨나는 이유이다. 그러나 아쉽게도 우리가 사는 세상에는 기도할 만한 환경이 항상 유지되는 것은 아니다. 미래에 대한 불투명한 전망은 늘 마음을 어둡게 하고, 악한 영이 조종하는 사람의 공격으로 인해 스트레스가 쌓이기도 한다. 환경의 지배를 받기에 자신이 원하지 않은 상황으로 떨어지기도 한다. 이럴 때는 기도가 나오지 않는다. 아무리 기도하려고 해도 몰입이 되지 않고 잡념이 머릿속을 헤집고 있다. 또한 낮 시간의 일상에서는 깊은 기도를 할 수 없다. 온갖 소음의 방해와 더불어 하고 있는 일 때문에 방해받지 않고 기도할 수 있는 상황이 되지 않는다. 이렇게 기도에 몰입할 수 없을 때는 여러 기도를 하지 말고 하나님을 간절히 부르는 것을 반복해도 대단한 효과가 있다.

필자는 방해받지 않은 기도시간에 기도를 시작하면, 처음에는 미혹의 영들이 넣어 준 생각을 뽑아내는 축출기도를 약 20분 정도 하면서 기도를 시작한다. 그리고 약 20분은 회개기도를 집중적으로 한다. 날마다 쌓인 죄와 자주 넘어지기 쉬운 죄들을 낱낱이 고백하면서 죄의 용서를 구한다. 그러고 나서 간절히 하나님을 부르면서 찬양하고 감사하는 시간으로 채운다. 하나님을 간절히 부르면서 찬양과 감사를 반복하게 되면 성령이 충만해져서 기도에 빨려 들어가는 상태가 되는데, 이런 상태가 되어서야 비로소 사역이나 나 자신을 위한 기도와 중보기도에 들어간다. 성령이 인도하시는 기도가 되지 않으면 다른 기도를 시도하지 않는다. 복잡한 일이 생겨 몰입이 되지 않을 때는 무려 세 시간 이상 꿈쩍하지 않고 하나님을 찾는 기도를 한 덕분에 허리에 무리가 생겨 고생했던 적도 있다.

기도란 하나님께 무엇을 요청하는 것이라고 생각하는 것은 잘못이다. 진정한 기도는 하나님을 찾고 부르며 찬양하고 감사하고 경배하는 게 우선이 되어야 한다. 이러한 기도 모습이 없이 자신이 원하는 기도목록만을 내뱉는 행위는 기도가 아니라 주문에 불과하다. 목이 터져라 외쳐도 하나님이 듣지 않는 기도라면 시간 낭비일 뿐이다. 하루 종일 기도의 삶을 살려면 틈만 나면 마음속으로 하나님의 이름을 반복해서 부르는 습관을 들여야 한다. 이런 상태가 바로 하나님과 동행하는 상태이다. 그 모습이 바로 하나님에 대한 생각으로 가득 차 있다는 증거이다.

성경적인 기도 가이드

23

기도는 행위가 아니라 태도가 중요하다

✦

대부분의 크리스천들이 하나님이 기뻐하시는 기도의 모습으로 희생적인 기도 행위를 우선으로 여긴다. 집에서 기도하는 것보다 교회의 새벽기도회에 나가면 점수를 후히 준다. 기도원에 가서 금식기도라도 하고 있으면 대단한 가산점이 붙는다. 기간이 오랜 작정기도도 인기가 높다. 그러나 중요한 것은 사람의 생각이나 교회의 관행이 아니라 하나님의 기준이 아니겠는가? 성경에는 새벽기도가 다른 시간대의 기도보다 하나님이 기뻐하신다는 근거를 제시하지 않는다. 장소도 마찬가지이다. 우리가 말하는 교회인 헬라어 ἐκκλησία(에클레시아)는 장소가 아니라 공동체를 말한다. 사실 하나님은 특정 장소가 아니라 우리 마음에 계시다. (눅 17:21) 구약에도 성전이 아니라 하늘과 땅에 충만하게 계셨다. (행 7:49) 특정 시간에 특정 장소에서 기도하는 하는 것은 교회의 관행일 뿐이지 성경의 기준은 아니다. 물론 집보다 교회에서 기도하는 게 몰입이 잘되는 것은 사실이다. 학생이 도서관이나 독서실에서 공부를 선호하는 까닭이기도 하다. 이는 방해받지 않고 기도하기 좋은 환경이라 그렇지 하나님이 그 장소를 선호하시는 것이 아니다.

성경에는 금식기도를 자주 언급하였지만, 금식기도 자체가 특별한 효력이 있는 게 아니라 자신의 욕망을 내려놓고 온전히 기도하는 모습으로써 언급했다. 성경에는 금식하는 것보다 하나님이 기뻐하시는 뜻을 행하는 게 더욱 효력이 있다고 말하고 있다. (사 58:3~6) 그렇다면 하나님이 기뻐하시는 기도는 무엇일까? 기도자의 마음 자세이다. 그중에서 가장 중요한 것은 상한 마음이다. "하나님께서 구하시는 제사는 상한 심령이라 하나님이여 상하고 통회하는 마음을 주께서 멸시하지 아니하시리이다" (시 51:17)에서 보듯이 아픈 마음으로 찾아오는 사람을 불쌍히 여기신다. 예수님도 교만한 바리새인의 기도보다 가슴을 치고 자신을 불쌍히 여겨 달라는 세리의 손을 들어 주셨다. (눅 18:10~14) 이렇듯 하나님이 기뻐하는 기도의 모습은 스스로를 낮추고 불쌍히 여겨 달라며 간절히 기도하는 태도이다. 그러나 안타깝게도 이런 태도를 상실한 채 관행적인 기도 행위에 매달리고 있는 것이 작금의 우리네 크리스천의 모습이다.

24

장소나 시간에 구애받지 말라

✦

　많은 크리스천이 기도할 시간이 없다고 한다. 교회의 새벽기도회에 나가려고 해도 바빠서 나가지 못한다고 한다. 맞다. 새벽 5시에 쉽게 잠에서 깰 수 있는 현대인들이 얼마나 되겠는가? 단 10여 분 기도하는 데 교회에 오가는 시간만 30분이 넘는 사람들도 많다. 교회가 아니면 기도할 수 없는 이 분위기는 과연 성경적인가? 물론 혼자 기도하는 게 어려운 건 맞다. 그러나 더 어려운 것은 제대로 된 기도가 아님에도 그나마 쉽다고 붙들고 있다면 나중에 후회하게 된다.

　하나님은 영이시다. 그분을 만나려면 우리의 영혼을 통해야 한다. 영이시기 때문에 장소나 시간에 제한이 없다. 새벽뿐 아니라 밤늦은 시간도 좋고 아님 한낮도 언제나 만날 수 있다. 장소도 마찬가지이다. 교회나 집, 기도원이나 자동차 안에서도 그분을 부르면 언제나 달려오신다. 그러나 우리는 새벽 5시 30분에 열리는 교회의 새벽기도회에서나 만날 수 있다고 제한해 버린다면 그분을 만날 수 있는 사람은 극히 소수일 것이다. 기도훈련이 되어 있지 않은 상태에서 기도하는 것은 쉬운 일이 아니다. 눈에 보이지 않고 귀에 들리지 않는 하나님을 만나는 훈련이 필요한 이유가 여기에 있다. 그렇지만 간절한 마음만 있다면 다른 것들은 크게 문제되지 않는다.

아브라함은 고향을 떠나 떠돌아다니다가 한평생을 마쳤다. 그러나 믿음의 조상이라는 칭호를 받게 된 이유는 끊임없는 기도에 있었을 것이다. 그는 어디에 가든 제단을 쌓고 제사를 드렸다. 언제 어디서든 기도의 삶을 살았음은 물론이다. 어린 야곱은 삼촌 라반의 집으로 가던 도중 하나님의 천사를 목격했다. 그리고는 기도했다. 그리고 20여 년이 지나 다시 고향으로 가는 도중에 얍복강가에서 하나님의 사자와 밤새도록 기도의 씨름을 했다. 시간과 장소를 가리지 않고 그들은 하나님을 부르고 찾았다.

지금도 마찬가지이다. 우리가 하나님에 대한 관심이 없고 기도의 필요성에 무지해서 기도의 습관을 들이지 못한다. 하나님이 누구인지, 왜 기도를 해야 하는지 제대로 알고 있다면 시간과 장소를 가리지 않고 하나님을 간절히 불러 대고 있을 것이다. 예전에 사역이 열리기 전에, 필자가 가장 많이 기도했던 장소는 자동차 안이었다. 평일에는 아내와 화장품 방문 판매를 하러 다니기에, 아내를 판매 장소에 내려놓고 나면 조용한 차 안에서 기도를 시도하곤 했다. 지금은 아침에 일어나자마자 곧장 샤워를 마치고 서재에 들어가 기도한다. 밤에도 집에서 잠자리에 들기 전까지 기도한다. 낮에 집에 있을 때가 아니라면 자동차에서 기도를 많이 하지만, 공원이나 열차 안, 병원 등을 가리지 않고 시간만 나면 기도를 시도한다. 장소나 시간을 따진다면 쉬지 않고 기도하라는 성경의 명령을 따를 수 없다.

25

응답받는 기도의 비결은 끝까지 기도하는 것이다

◆

교회에 오면 설교 때마다 "믿고 기도하는 것은 다 받으리라"(마 21:22)라는 예수님의 말씀이 전가(傳家)의 보도(寶刀)처럼 빠지지 않는다. 그렇지만 그 말을 듣는 교인들의 마음은 심드렁하기 그지없다. 하도 오랫동안 들어왔던 말이라, 교회에서만 듣게 되는 특정한 종교 용어처럼 여기기 일쑤이다. 왜냐면 기도하는 것마다 다 이루어졌다면 교회에 다니지 않는 사람이 없을 게 아닌가? 성경에 쓰여 있는 예수님의 말씀이라 이 말에 태클을 걸고 싶은 생각은 없지만 확신이 서지 않은 것도 사실이다. 그래서 이 말을 듣게 되면 설교 때에 자주 나오는 기독교적인 특정 용어로 생각하고 지나간다. 진위를 의심하고 싶지 않지만, 왜 우리에게는 이러한 일이 일어나지 않는 걸까?

그 이유를 친절하게 설명해 주는 말씀이 있다. 예수님은 누가복음 18장 1절에서 8절까지 기도에 대한 비유를 시작하시면서 처음으로 내뱉으신 말씀이 "항상 기도하고 낙심치 말아야 할 것을 비유로 말씀하시면서"로 시작하시고 "인자가 다시 올 때에 세상에서 믿음을 보겠느냐"라고 말씀을 마치셨다. 이 비유는 한 가난한 과부가 불의한 재판관을 찾아다니며 온갖 수모와 핍박에도 간청하여 마침내 소원을 이루었다는 내용이다. 우리는 기도를 시작하면 응답이 신속하게 올 것을 기대하고 있다. 그래서 응답이 더디 오면 희생의 강도를 높인다. 그래도 응답이 없으면 낙심하고 중도에 포기하기 일쑤이다. 예수님은 모든 기도마다 응답이 온다고 말씀하셨지, 기도자가 원하는 시간에 맞추어 신속하게 응답하신다는 말씀은 없었다. 많은 사람들이 중도에 포기하는 이유는 오래 기다려도 응답이 없기 때문이다.

그렇다면 얼마나 오래 기도하였는가? 필자의 경험에 의하면 신속하게 응답이 오는 것도 있지만 어떤 기도는 20년이 넘도록 오지 않는 것도 있다. 평생 오만 번의 기도응답을 받았다는 영국의 목회자 조지 뮬러 역시 어떤 기도는 수십 년간 기도해도 응답이 없었다고 책에서 고백했다. 기도를 시작하면 포기하지 말아야 한다. 하나님은 자신의 뜻에 위배되는 기도가 아닌 이상 틀림없이 응답해 주신다. 그러나 우리가 원하는 시간에 응답하시는 게 아니라 하나님이 원하신 최상의 시간이 되어서야 응답이 온다. 그때까지는 끈기 있게 기다려야 한다.

인내는 하나님께서 당신의 자녀에게 요구하시는 필수적인 성품이다. 그래서 성령의 열매에 들어가 있다. 인내를 요구하시는 것은 그게 믿음의 척도이기 때문이다. 그래서 가난한 과부의 비유에서 낙심하지 말고 기도하여야 한다고 운을 떼셨지만, 세상에서 이런 믿음의 소유자를 보는 것은 아주 드문 일일 거라면서 씁쓸하게 말씀을 마치신 이유이시도 하다. 견고한 믿음이 없다면 기도응답도 없다. 사람들은 하나님이 원하는 믿음을 얻기보다 자신의 욕망을 채우려고 하기에 오래 기다리지 못하는 것이다. 지금도 기도를 시작하고 끝까지 포기하지 않는다면 모든 기도마다 응답을 경험할 수 있다. 하나님의 말씀은 거짓이 없기 때문이다.

기도는 훈련이 필요하다

교회마다 수많은 교육프로그램으로 가득 차 있다. 외국 이름으로 범벅이 된 제자훈련은 말할 것도 없고 전도훈련도 주기적으로 열린다. 교인들에게 인기는 별로지만 성경공부 프로그램도 꾸준하게 등장하고 있다. 그렇지만 정작 기도훈련을 하는 프로그램은 눈에 띄지 않는다. 언젠가 권사 직분을 가지고 있는 필자의 지인과 대화하다가, 기도훈련에 대해서 이야기가 나오자 기도훈련이 왜 필요하냐면서 의아한 눈으로 필자를 쳐다보았다. 열심히 기도회에 나와 기도하면 되지, 기도하는 데 무슨 훈련이 필요하냐는 식이었다. 이러한 생각은 대부분의 교회 지도자들이 가지고 있는 듯하다. 필자 역시 기도훈련에 대해 별로 들어 보지 못했으니까 말이다. 학생들이 학교에 오면 열심히 공부해야 한다. 그런데 교사가 어떻게 공부하는지 자세히 가르쳐 주지 않는다면 도서관이나 독서실에 가지 굳이 학교에 갈 필요가 있을까? 교회에서 성경적으로 기도하는 훈련이 없기 때문에 많은 크리스천이 기도 습관을 들이지 못하고 있다. 각종 기도회뿐 아니라 일상의 삶에서 쉼 없이 기도하는 습관을 들이지 못했다면 하나님과 동행하는 삶은 언감생심이다.

성경적인 기도 가이드

왜 기도훈련을 해야 하냐면, 첫째, 성령이 내주하는 기도를 해야 하기 때문이다. 하나님이 듣지 않는 기도는 상대방이 듣지 않는 전화기에 소리치고 있는 것과 같다. 혼자 떠든다고 기도가 아니다. 하나님이 들으시는 기도여야 한다. 하나님이 듣고 있는지 어떻게 아는가? 성령이 내주하는 증거와 열매가 있어야 한다. 둘째로 성경적으로 기도하는 방식을 배워야 하기 때문이다. 제자들이 예수님에게 기도방식을 물어본 것이 주기도문이다. 그러나 우리는 주기도문을 기도하는 내용으로 여겨 이를 따라 하기보다 예배를 마칠 때 사용하는 구호쯤으로 여기는 듯하다. 성경에는 기도문도 적지 않고 하나님이 기뻐하시는 기도의 방식을 말씀하신 곳도 많다. 그러나 우리는 성경을 읽으면서도 그냥 지나치기 일쑤이다. 설령 안다 하더라도 삶에 적용하지 않는다면 아무런 소용이 없다. 삶에 적용하려면 훈련이 필요한 게 당연하다. 셋째, 기도 행위를 습관을 들여야 한다. 많은 크리스천 중 기도의 중요성을 모르는 이도 없을 터이고, 기도하려고 숱하게 시도도 해 보았을 것이다. 그러나 새벽기도회에 참석하는 것조차 쉽지 않을 터인데, 일상에서 쉼 없는 기도의 습관을 들이는 것은 시도조차 하지 않는다.

그래서 훈련이 필요하다. 처음에는 자신의 의지로 시작하여서 성령이 내주하는 기도의 맛을 들여야 성경적인 기도의 습관을 들일 수 있다. 이는 기도의 강을 건너 하나님과 동행하는 습관을 들인 신앙의 선배들이 이끌어 주어야 가능하다. 그렇지만 안타깝게도 성경적인 기도의 습관을 들인 이들이 없어서 교회에서 기도훈련 프로그램이 없는 이유인지도 모르겠다. 오랫동안 신앙의 연륜이 쌓인 이들도 성경적인 기도의 습관을 들이지 못한 이유는 철저한 훈련이 없어서이다. 기도는 영적인 행위이기 때문에 성령이 내주하는 기도를 시작하면 악한 영들의 방해 공작이 시작된다. 그래서 의지가 강한 사람들도 기도 습관을 들이는 게 무척이나 어렵다. 필자가 성령이 내주하는 기도훈련을 사역의 가장 중심으로 삼고 있는 것도 이 때문이다. 기도훈련이 없이는 성령의 사람이 될 수 없다. 능력 있는 예수그리스도의 제자가 되어 하나님이 기뻐하시는 도구의 삶을 살려면 먼저 기도훈련을 통과해야 한다.

성경적인 기도 가이드

27

성령이 내주하는 기도를 하라

✦

"성령이 내주(內住)하는 기도라고요? 성령 충만(充滿)한 기도와 같은 뜻인 듯싶은데 말만 바꿨네요"라고 꼬집어 주고 싶은 독자가 있을 것이다. 맞는 말이다. 성령 충만이라는 말은 우리네 교회에서 수도 없이 듣는 말로써 성령이 내 안에 가득 차 있다는 말이다. 성령이 강하게 내주한다는 말과 같다. 그런데 굳이 '충만'이라는 말을 '내주'라는 말로 바꾼 이유는 성령 충만에 대한 고정관념을 불러들이고 싶지 않아서이다. 성령 충만이라는 말에 대한 크리스천들은, 쿵쾅거리는 악기소리가 울려 퍼지는 가운데 뜨거운 찬양으로 마음이 격앙된 후에 마이크를 잡은 기도인도자의 거친 목소리와 함께 교회가 떠나갈 듯 소리 지르며 기도하는 통성기도회의 분위기를 자연스럽게 떠올릴 것이다. 사람들은 그때 마음의 상태가 성령 충만이라고 여기는 듯하다. 물론 그럴지도 모른다.

그렇지만 문제는 교회 문을 나서기 무섭게 다시 싸늘하게 식은 마음은 집에 도착하자마자 언제 그랬냐는 듯이 냉랭하게 가라앉는다. 성령이 내주하셨다면 이렇게 빠른 속도로 식을 수가 있을까? 결론부터 말하자면 교회의 뜨거운 분위기에 휩쓸려 격앙된 감정의 상태와 하나님이 내주하시는 성령 충만한 상태는 다르다. 만약 그때의 격앙된 감정이 성령 충만한 상태였다면, 감정뿐 아니라 하나님이 함께하시는 증거와 더불어 풍성한 성령의 열매를 맺어야 할 것이 아닌가? 감정이 격앙된 기분은 그런 통성기도회뿐 아니라 나이트클럽이나 노래방에서도 얼마든지 느낄 수 있다. 성령이 충만하다면 성령이 함께하시는 증거가 있어야 한다. 그렇지 않다면 뜨거운 분위기에 휩쓸려 자신도 모르게 흥분한 것에 불과하다. 물론 모두 다 그런 것은 아니겠지만 상당수의 사람들이 그랬을 것이다.

성령 충만한 상태의 기도는 통성기도가 아니라도 얼마든지 가능하고 쿵쾅거리는 악기소리와 뜨거운 찬양이 없더라도 상관없다. 만약 당신이 골방에 틀어박혀 침묵으로 기도하면서 가슴이 벅차오르고 그칠 줄 모르는 전율 때문에 땀에 흠뻑 적셔졌다면 성령 충만한 상태이다. 그러나 오직 그런 분위기에서만 그런 느낌을 얻고 있다면 당신은 성령 충만한 상태를 잘못 알고 있는 것이다. 성령 충만한 기도를 하는 것은 어렵지 않다. 성령이 오실 때까지 전념하여 간절히 기도하면 된다. 예수님이 승천하고 나서 사도들과 120명의 제자들은 마가요한의 다락방에 모여 성령이 오실 때까지 오로지 기도하기에 힘썼다고 성경은 말하고 있다. (행 1:14) 아마 그때도 웅장한 악기소리와 뜨거운 찬양이 없었을 것이다.

성령이 내주하시는 처음의 상태는 감정이 격앙되기도 한다. 가슴이 벅차오르고 온몸에 전율이 오기도 하며 기쁜 마음과 평안한 마음이 교차되기도 한다. 그러나 이러한 감정의 상태는 사람마다 다르고 항상 같은 상태가 반복되는 것이 아니다. 처음의 격변기가 지나면 나중에는 평안한 상태가 지속되지만 때에 따라서는 전율이 반복적으로 오기도 한다. 그러나 중요한 것은 감정의 상태나 몸의 신호가 아니라 성령이 내주하시는 증거가 있어야 한다. 가장 중요한 증거로 성령이 충만한 상태는 마음이 언제나 평안함으로 넘쳐 나며 하나님의 생각으로 가득 차 있다는 것이다. 그래서 자신도 모르게 찬양이 입에서 흘러나오며 영으로 기도하기도 한다. 이런 상태가 몇 시간이고 지속되는 것이 성령이 내주한 상태라고 볼 수 있다. 이런 상태의 기도를 몇 개월에서 몇 년 이상 계속하다 보면 성령의 열매가 맺어진다.

성령의 열매란 신속한 기도응답과 문제의 해결은 물론 방언이나 예언, 귀신 쫓음, 치유 등의 다양한 은사와 능력, 거룩한 성품으로 변화, 세속적인 삶에서 하나님의 중심으로 삶으로 바뀌지는 것을 말한다. 그렇지 않고 그냥 감정의 격앙이라면 성령이 내주하시는 게 아니다. 어떤 이는 방언을 성령이 내주하시는 증거로 말하고 있다. 그렇지만 그 방언이 자신이 지어내는 방언인지 하나님이 주시는 방언인지 잘 분별해야 한다. 하나님이 주시는 방언은 기도를 시작하자마자가 아니라 기도에 몰입되어야 비로소 나오기 시작한다. 그리고 그 방언은 수시로 바뀐다. 즉 새 방언이 계속 나오는 것이다. 그런데 기도를 시작하자마자 같은 말을 반복하는 방언은 하나님이 주시는 게 아니라 자신이 입으로 지어내는 것이다. 자신이 지어내는 방언이라면 성령의 증거나 열매가 없다. 우리 주변의 적지 않은 크리스천이 방언을 말하며 성령 충만한 기도를 하고 있는 듯 보여도 삶과 성품에 아무런 변화가 없는 이유이다.

28

성령이 내주할 때까지 기다려라

✦

　필자는 기도를 시작하면 성령이 충만해질 때까지 계속해서 하나님을 찾고 부르며 찬양을 하고 감사를 한다. 다른 기도는 하지 않는다. 성령이 내주하셔서 듣지 않는 기도라면 그건 기도가 아니라 독백에 불과하다. 그러나 하나님은 영이시기 때문에 내주하셨는지 아닌지 눈으로 볼 수도 없고 귀로 들을 수도 없다. 매일 몇 시간씩 기도하는 사람들도 기도를 시작하자마자 성령 충만한 상태에서 기도하는 것은 아니다. 방해받지 않는 데서 한 시간 이상 기도를 해야 하는 이유도 여기에 있다. 성령과 깊고 친밀한 교제를 하려면 적지 않은 시간이 필요한 까닭이다. 성령이 내주하신지 아는 것은 오랫동안 영적인 기도를 한 사람만이 정확하게 알 수 있다. 모든 기도를 하나님이 듣고 계실지라도 정작 성령이 기뻐하시는 기도를 하는 것은 별개이다. 성령이 내주하였는지 아는 잣대는 감정의 상태를 자세하게 살펴보는 것이다. 기도의 시작부터 끝날 때까지 감정의 상태를 살펴보는 일 없이, 오직 자신이 얻어 낼 기도목록을 주야장천 소리치는 기도만 하는 사람들은 이를 알 수가 없다.

　성령이 내주하는 것을 느끼려면 마음이 평안해지고 뜨거워지는 상태

성경적인 기도 가이드

가 될 때까지 오직 하나님의 내주를 간절히 요청하면서 찬양하고 감사를 반복해야 한다. 처음 시작하는 사람들은 성령이 충만해질 때까지 몇 달 걸린다. 그러나 일단 성령이 내주하신 다음에는 기도할 때마다 20~30분간 간절히 부르면 성령 충만을 경험하게 된다. 어떤 때는 5분만 간절히 불러도 충만하게 되지만 아침에 잠에서 깨어나서 정신이 멍한 상태나, 하루 종일 온갖 세상일에 시달리고 난 밤에는 기도를 시작한다고 해도 쉽게 기도에 몰입되지 않는다. 성령 충만한 상태는 기도에 몰입이 되었다는 신호이기 때문이다. 그러므로 성령 충만한 상태인 기도에 몰입이 되기 전까지는 다른 기도로 넘어가지 말고 오직 성령이 내주하기만을 간절히 전념해서 기도해야 한다. 침묵기도에 훈련이 된 사람들은 상관없지만 그렇지 않다면 작은 목소리로 기도해도 된다. 침묵기도라고 해도 생각의 흐름에 맡기는 것이 아니라 말소리만 내지 않았을 뿐이지 통성기도를 하는 것과 다르지 않다. 소리를 내지 않더라도 말하는 것처럼 기도해야지 생각에 맡기면 공상을 하면서 잡념이 들어오고 졸게 된다. 이런 사람들은 기도훈련이 되지 않아서이다. 기도란 정신을 집중해서 하나님께 몰입하는 것이다. 이런 상태가 되어야 성령이 충만한 기도를 하게 된다.

29

성령 안에서 기도하려고 애써라

◆

성령 안에서 기도하는 것은 어떤 느낌일까? 많은 크리스천들이 성령의 기름부음을 원하지만 정작 이를 체험한 사람은 소수에 불과하다. 성령세례 혹은 성령의 기름부음은 성령이 내주하는 상태를 말한다. 갑자기 하나님의 절대적인 능력이 임한 사람도 있지만, 대부분의 사람들은 하나님을 간절히 찾아야 찾아오신다. 필자뿐 아니라 성령 충만을 경험한 이들에게 발견된 공통적인 조건은 간절하게 하나님을 찾았다는 것이다. 그것도 몇 달 걸리는 것이 보통이다. 그렇지만 시간은 그리 중요하지 않다. 갈급한 마음으로 간절히 원하면 한 달이 채 걸리지 않아서 성령세례를 체험하기도 한다.

그렇지만 더욱 중요한 것은 한 번 성령세례를 체험했다고 하더라도 기도를 소홀히 하면 성령의 활동은 사그라지고 만다. 그래서 바울사도는 "성령을 소멸하지 말라" (살전 5:19)라고 말씀했다. 이때 '소멸하다'는 헬라어인 σβέννυτε(스벤뉘테)는 '불을 끄다'라는 단어이다. 말하자면 성령의 불을 끄지 말라는 뜻인데, 성령의 불은 성령의 활동을 가리킨다. 성령이 내주하셔서 왕성하게 활동을 하시더라도 끊임없는 기도를 소홀히 한다면 떠나가신다. 우리 주변의 수많은 크리스천들이 한때는 성령세례를 경험하고 성령 충만한 삶을 살았더라도 현재 그 상태를 유지하지 못하는 이들이 허다하다. 그것은 성령 안에서 기도하는 영적인 습관을 들이지 못했기 때문이다. 특히 자신의 기도로써 성령이 내주한 경우는 그래도 낫지만, 성령의 강권적인 임재를 경험한 사람들은 거의 대부분 소멸되고 말았다.

성령 안에서 기도하는 것은 어려운 게 아니다. 기도할 때마다 성령이 내주할 때까지 간절히 찾고 불러야 한다. 성령세례를 경험하지 못해 간절히 소망하는 이들뿐 아니라, 성령의 활동이 자신 안에서 왕성하게 일어나는 경우에도 마찬가지이다. 그분은 스스로 찾아오시는 분이 아니라 우리가 간절히 찾고, 부르고, 구하고, 문을 두드려야 한다. 그래서 우리가 마음의 문을 활짝 열어야 기꺼이 들어오시는 분이다. 즉 성령 안에서 기도하는 것은 성령이 내주한 상태에서 기도하는 것을 뜻한다.

그러나 이는 성령의 내주를 늘 경험하고 있는 사람들만 정확한 상태를 분별하게 된다. 필자의 경우는 기도를 시작하면 성령을 간절히 찾고 부르고 찬양하고 감사하는 기도를 한다. 약 20~30분 정도 되면 마음 문이 활짝 열리고 평안해지기 시작하며 기도가 빨려 들어가기 시작한다. 자신이 하는 기도가 아니라 성령에 이끌리는 기도가 되는데 이때가 바로 성령에 의해 기도가 몰입되는 상태이다.

언젠가 귀신이 지배하는 어느 집안 식구들이 풀려나기를 기도하고 있었는데, 성령이 내주하자마자 온몸에 강렬한 진동이 왔다. 이럴 때는 성령께서 활발하게 활동하시는 기도라고 볼 수 있다. 그런 현상이 없더라도 기도하다 보면 성령에 의해 빨려 들어가는 기도를 하게 되는데 이때가 바로 성령 안에서 기도하는 것으로 보면 된다. 성령 안에서 기도하게 되면 다양한 감정의 경험과 영적 현상을 체험하게 되는데 이때에도 이런 감정에 연연하지 말고 기도에 열중해야 한다. 어떤 이들은 기도하는 것보다 감정의 상태에 대해 더 관심을 갖는데 그러다 보면 신비주의자가 되기 십상이다. 하나님의 나라가 임하는 것은 감정의 상태가 중요한 게 아니라 성령의 증거와 더불어 능력이 나타나야 한다. 귀신 쫓음, 질병의 치유를 비롯해서 기도응답과 문제 해결이 되어야 한다. 하나님의 나라는 말이 아니라 능력에 있기 때문이다. 이러한 영적 능력은 성령 안에서 기도하는 습관에 달려 있다.

30

성령이 내주하는 증거를 찾아라

♦

　필자는 훈련생들과 공동체 식구들에게 항상 성령이 내주할 때까지 기도하라고 가르치고 있다. 성령이 내주하는 기도를 원하는 크리스천은 수도 없이 많겠지만 이를 경험하는 이들은 소수에 불과하다. 그 이유는 갈급함이 없어서이다. 하나님을 만나려면 전심으로 간절하게 기도해야 한다. 그러나 처음에는 그렇게 하려고 하지만 시간이 지나면 이내 풀어지는 이들이 많아서 하나님을 만나는 게 어렵다. 하나님을 만나려면 간절한 기도가 필수적인데, 성령이 임재할 때까지 포기하지 않아야 가능하다. 그렇다면 성령이 내주하는 증거는 어떤 모습일까? 성령이 내주하는 기도는 대부분 기도를 시작한 지 오랜 시간이 경과한 후이다. 적어도 매일 한 시간 이상 기도해도 한 달이 넘게 걸리며, 어떤 이들은 여러 달 걸리기도 한다.

　성령이 내주하는 가장 큰 증거는 감정의 변화이다. 성령이 임재하면 가슴이 벅차오르며 흥분되는 느낌이 든다. 기분 좋은 전율이 오며 몸 전체가 떨리는 진동을 동반하기도 한다. 그러나 전반적으로 기도할 때나 일상의 삶에서 잔잔한 평안함이 마음에 가득 차 있다. 그러나 사람들이 느끼는 감정의 폭과 느낌은 다양하다. 성령이 내주하면 성령에 이끌리는 기도를 하게 되는데 이때부터 기도에 몰입된다. 성령에 몰입되는 기도의 특징은 시간이 정신없이 지나간다는 것이다. 잠깐 기도했어도 한두 시간 걸리는 게 보통이다. 그러나 감정의 상태만 가지고 성령이 내주했다는 증거로 삼기는 뭔가 부족하다. 성령이 내주하면 기도가 끝나서도 하나님의 생각으로 가득 차 있게 된다. 그래서 자신도 모르게 찬양이 흘러나오고 영적으로 기도를 하게 된다. 쉬지 말고 기도하라는 바울의 권면이나 항상 기도하라고 하신 예수님의 명령이 삶에서 실천하게 되는 원동력이다. 자신도 모르게 기도가 나오는 현상을 경험하게 되는 것이다. 기도할 때는 좋은 감정이었지만 하나님의 생각으로 가득 차 있지 않다면 성령이 내주했다고 보기 어렵다. 성령이 항상 내 안에 임재하면 성령의 사람이 된다는 것을 의미한다. 성령의 사람은 끊임없이 하나님을 찾고 부르며 찬양하고 영광을 돌리는 기도가 삶에 배어 있는 사람이다. 그런 증거가 있어야 비로소 성령이 임재했다고 할 수 있다.

성경적인 기도 가이드

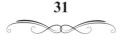

성령의 열매를 맺어라

성령의 열매는 갈라디아서 5장 22절부터 23절에 잘 나와 있다. 그곳에는 아홉 가지의 거룩한 성품을 열거하고 있다. 성령이 오랫동안 내주하면 거룩한 성품으로 변화된다. 그러나 성령의 열매는 그것만이 아니다. 삶의 목표가 자기중심적인 삶에서 하나님중심으로 삶으로 바뀐다. 하나님이 기뻐하시는 예수님의 제자로서의 인생관을 갖게 된다. 또한 기도응답과 더불어 삶의 문제가 해결되어 형통하고 평안한 삶을 누리게 되는 것도 빼놓을 수 없다. 교회의 부흥회나 기도원에서의 예배는 열정적인 찬양에 이어 뜨거운 기도소리가 울려 퍼진다. 그때는 너나없이 성령 충만함을 경험하고 있다고 믿어 의심치 않는다. 그래서 일상으로 돌아와 다시 건조하고 냉랭한 신앙 상태가 계속되면 그때의 뜨거웠던 통성기도시간이 그리워 다시 부흥집회를 찾아 나서거나 기도원에 가고 싶은 충동을 느끼기도 한다. 그렇지만 격앙된 감정의 상태에 연연하지 말고 성령의 열매가 있었는지 냉철하게 판단해 보아야 한다. 성경은 성령이 내주하는 기도를 계속하면 풍성한 성령의 열매가 맺어진다고 단언하고 있으니까 말이다.

그렇지만 안타깝게도 유창한 방언기도를 자랑스럽게 여기고 격렬한 통성기도를 보여 주는 이들도 성령의 열매에 대해서는 유구무언인 이들이 적지 않다. 드높은 교회의 직책과 오랜 신앙경륜을 자랑하는 이들조차 그렇다. 종교적인 신앙 행위와 신앙의 경륜이 성령과 밀접한 관계가 있는 것은 아니다. 초대교회 시절에 마가의 다락방에 모인 사도들과 제자들은 간절한 기도 끝에 며칠이 안 되어 성령세례를 받았다. 베드로의 설교로 초대교회에 입교한 수많은 유대인들도 성령 충만함으로 기존의 교인들과 마음을 나누는 교제를 하고 재산을 나누었다. 이들 역시 사도들의 가르침으로 간절한 기도 끝에 성령세례를 받았음은 물론이다. 이들 대부분은 예수님의 제자로서 희생적인 순교자의 길을 걸어갔다. 성령의 풍성한 열매는 당연한 결과였다. 이들은 오랜 신앙의 경륜이 없어도, 성경지식이 부족했어도, 교회의 직책이 없었음에도 놀라운 성령의 열매를 맺었다.

이 시대에 들어와 남부럽지 않은 상황에서 신앙생활을 하는 우리에게 이러한 일이 일어나지 않는 이유는 무엇일까? 성령이 내주하시는 기도를 하지 않기 때문이다. 성령이 내주하여 오랫동안 계신다면 당연한 결과로 성령의 열매를 맺게 된다. 오랜 신앙의 경륜에도 성령의 열매가 없다면 자신을 돌아보아야 한다. 교회의 관행적인 기도가 아니라 성경적인 기도로 다시 시작해야 할 것이다. 성령의 열매가 없다면 천국의 자격도 언감생심이다. 예수님은 성령으로 다시 태어나지 않는다면 하나님 나라에 들어갈 수 없다고 단호하게 말씀하셨다는 것 (요 3:5)을 상기해 보라.

32

성령의 능력을 요청하라

✦

　기도란 무엇인가? 하나님을 찬양하며 깊고 친밀한 대화를 나누는 것이다. 또한 하나님께 요청하는 것이다. 이것을 모르는 크리스천은 별로 없다. 하나님에 대해서는 자세히 몰라도 자신의 소원을 이루는 기도에 대해서는 모두 알고 있다. 그래서 문제만 생기면 기도하라는 주문을 받고 실행에 옮기기도 한다. 그러나 기도응답을 경험하거나 문제가 해결된 이들은 많지 않다. 그래서 중도에 포기하는 이들이 부지기수이다. 그렇지만 안타깝게도, 왜 이런 현상이 일어나는지 제대로 알려 주는 지도자들이 별로 없다. 수시로 기도를 해도 하나님의 임재와 응답을 경험하지 못한 정확한 이유를 알려 주었다면 적어도 하나님을 원망하거나 기독교에 대한 회의를 품지는 않았을 것이다. 결과적으로 많은 이들이 하나님을 경험하지 못한 채 교회를 떠나가게 되었으며, 이들은 반기독교인사가 되어 기독교를 폄훼하고 교회를 공격하는 데 앞장을 서고 있다. 그간 겪은 교회와 기독교에 대한 실망이 분노로 바뀌 표출되고 있는 셈이다.

　기도란 하나님을 만나는 통로이지만, 성령이 임재하는 기도를 하게 되기까지는 오랜 시간과 노력이 필요하다. 성령이 임재하는 기도를 하게 되었더라도 모든 게 끝난 게 아니다. 하나님은 우리의 욕망을 채워 주는 도구가 아니다. 알라딘의 램프에 나오는 요정 지니처럼 램프만 문지르면 '펑' 하고 나타나서 주인의 소원을 이루어 주는 존재는 더더욱 아니다. 많은 사람들이 하나님을 다른 종교의 신처럼, 세속적인 복을 빌면 이루어 주는 기복신앙처럼 여긴다.

그러나 성경 어디에도 빌기만 하면 하나님께서 세속적인 복을 퍼부어 주겠다고 약속하신 적이 없다. 많은 설교자들이 금과옥조처럼 여기는 신명기 28장의 복에 대해 살펴보자. 하나님의 복이 내려오는 조건은 교회의 예배의식에 성실하게 참여하거나 새벽기도회에 나오고 혹은 헌금을 과도하게 드리는 것에 있지 않다. 정확하게 말하면 여호와의 말씀을 삼가 듣고, 지켜 행하는 데 달려 있다. 말하자면 하나님의 뜻대로 순종하는 데 있다는 것이다. 교회예배에 성실하게 참석하고 과도하게 헌금을 드리더라도 그 마음과 속내가 하나님의 뜻에 합당해야 된다는 것이다. 즉 희생적인 신앙 행위가 아니라 하나님이 기뻐하시는 뜻에 순종하며 삶을 사는 데 있다. 그러나 이를 무시한 채 형식적이고 희생적인 신앙 행위를 반복하면서 복을 요청한다면 아무런 응답이 없을 게 분명하다.

그래서 하나님의 능력을 요청하여야 한다. 하나님의 뜻대로 사는 동력은 자신의 능력이나 의지에 있지 않다. 이 모든 능력은 하나님에게서 온다. 즉 성령께 요청하여야 한다. 그래서 사도바울은 자신이 약할 때 강하다고 고백하였던 것이다. (고후 12:9~10) 그는 성령의 능력으로 탁월한 열매를 맺는 선교사역을 감당하면서 갖가지 기적을 행하며 이적을 행사하였지만 이 같은 능력의 원천이 성령 하나님이심을 고백하였던 것이다.

그러므로 기도할 때 우리는 성령의 능력을 요청하여야 한다. 귀신을 쫓아내거나 질병을 낫게 하는 능력만이 아니라 삶을 힘 있게 살아가는 원천과 믿음을 유지하는 동력을 포함한 모든 능력을 철저하게 요청하여야 한다. 인간은 하나님이 없으면 행복할 수 없는 존재이다. 즉 하나님을 절대적으로 의존하여 살아가야 하는 존재이다. 그러므로 기도로써 세상을 힘 있게 살아가고 행복과 평안의 원천인 성령의 능력을 요청해야 한다. 자신의 욕망을 채우고 소원을 이루는 것이 기도의 목적이 아니다. 기도란 하나님을 기쁘시게 하는 뜻 안에서 기도해야 응답이 오고 문제가 해결되는 것이다. 많은 사람들이 기도응답이 없고 문제 해결이 되지 않는 이유가 바로 이것이다. 기도를 자신의 욕망 충족의 수단으로 삼고 있기 때문이다. 하나님의 백성들은 삶의 모든 것을 기도로써 요청해야 한다. 기도하지 않는다는 것은 영원한 행복을 포기하는 것이며, 기도해도 하나님의 뜻대로 기도하지 않는 것은 하나님을 무시하고 경멸하기 때문이다.

33

성령의 세미한 음성을 들으려고 애써라

✦

성령의 음성을 듣는 것은 모든 기도자의 소원이기도 하다. 성령의 음성을 들을 수 있다면 최고의 삶을 살아갈 수 있을 것이다. 그러나 성령의 음성을 들은 사람은 극소수이다. 필자는 꽤 오랫동안 영음으로 성령의 음성을 들어왔다. 그래서 영음으로 들은 내용을 책으로 펴내기도 했다. 성령께서 기록하고 선포하라고 명령하셨기 때문이다. 그 책이 「예언 노트」이다. 그렇지만 필자처럼 영음으로 들려주시는 경우는 극히 드문 일이다. 물론 교회 주변에는 예언의 은사를 받았다는 이들이 넘쳐 나고 있지만 그들의 말과 행태를 지켜보면 하나님으로부터 나온 게 아니라 자의적이거나 악한 영의 사주를 받는 이들이 적지 않아 보인다. 그러나 그들은 펄쩍 뛰며 손사래를 치거나 눈을 치켜뜨고 위협도 불사할 터이니 그들의 속내를 알 길은 없다. 그러니 성경의 잣대로 판단하거나 하나님의 지혜를 받아 판단력을 얻어 구별해 내는 방법밖에 없다. 그렇지만 적지 않은 이들이 무지와 어리석음으로 이들의 희생자가 되고 있으니 안타까울 뿐이다. 성령으로부터 영음으로 듣는 일은 쉽지 않은 일이지만 굳이 영음으로 듣지 못한다고 하더라도 아쉬워할 필요는 없다. 필자는 사역을 하면서 깨달음으로 하나님의 뜻을 깨달을 수 있었다. 성령이 내주하는 기도를 하면서 성경을 읽고 묵상하면 성령께서 원하는 분야에 대한 깨달음을 주신다. 그래서 필자는 오랫동안 일 년에 서너 권의 책을 집필할 수 있었다.

특히 아침에 기도할 때는 노트를 옆에 두고 기도하곤 했다. 수시로 깨닫게 해 주시기 때문이다. 깨달음은 자신이 알고자 하는 분야에 대해 말씀해 주시는 반면, 영음으로 들려주시는 일은 자신이 전혀 예상하지 못한 말씀이 생각 속에 들어온다. 심지어는 자신도 모르는 단어, 전혀 유명하지 않은 성경인물을 말씀하기도 한다. 그래서 듣고 나서는 성경사전을 뒤져 이 사람이 누군지 찾아보기도 한다. 자신도 잘 쓰지 않은 한자나 성경말씀을 인용하는 경우도 허다하다.

이처럼 영음으로 들을 때에는 하나님과 대화도 가능하다. 그래서 자신이 궁금한 사항을 물어볼 수 있다. 물론 모든 질문에 대답해 주시는 것은 아니다. 자신의 유익을 구하는 질문들은 대답해 주시지 않는 경우도 있다. 미래에 대한 호기심으로 물어보는 것도 대답하지 않으셨다. 생각으로만 말씀해 주시는 것이 아니라 입을 통해서 음성으로도 말씀하신다. 그렇지만 개인적인 말씀을 제외하고는, 대부분은 성경에 있는 것을 말씀해 주시는 게 보통이다. 성경을 읽고 묵상하여 깨닫는 것이 자신이 관심을 가지는 분야에 대해 알게 되는 것이라면, 영음으로 들려주시는 것은 하나님이 관심을 가지고 있는 분야를 말씀해 주시는 것이다. 따라서 영음으로의 깨닫는 영역은 무한대라고 볼 수 있다. 깨달음과 영음의 공통점은 하나님께 고도로 집중할 때 말씀해 주신다는 것에 있다. 세미한 음성이라고 하신 까닭이 바로 그런 이유이다. 하나님께 모든 정신을 집중하지 않는다면 들을 수 없다. 때로는 단어나 구절만을 던지셔서 오랫동안 집중해야 전체적인 상황을 알 수 있는 경우도 있다. 깨달음과 영음 외에도 환상이나 꿈으로도 말씀해 주신다. 환상은 깨어 있는 상태에서 보는 것이고 꿈은 잠자고 있을 때 보는 것이 다르다. 아무래도 환상은 드물게 나타나지만 꿈은 자주 나타나는 편이다. 그러나 꿈이라고 모두 하나님이 말씀해 주시는 영적인 꿈은 아니다. 모든 사람들이 생리학적으로 꾸게 되는, 소위 개꿈도 있고 악한 영이 주는 꿈도 있다. 하나님이 주시는 꿈은 평소에 하나님과 깊은 교제를 나누는 사람만이 경험하곤 한다. 이렇듯 기도를 하게 되면 하나님이 말씀해 주시는 여러 통로를 통해 세미한 음성을 들을 수 있다. 그래야 하나님의 뜻을 자세하게 깨닫고 삶에 적용하여 하나님이 기뻐하시는 종의 사명을 감당할 수 있게 된다.

34

성령을 소멸치 않도록 유의하라

✦

성령을 소멸치 말라는 성경 구절은 바울이 한 말씀이다. (살전 5:19) '소멸하다'라는 말은 헬라어 σβέννυτε(스벤뉘테)라는 단어로 '불을 끄다'라는 뜻이다. 그러므로 이 구절의 뜻은 불을 상징하는 성령의 활동을 소멸하지 말라는 말로 해석된다. 성령이 내주하시는 기도를 하게 될 때까지 오랜 시간과 노력이 필요하다. 예외는 있지만, 간절히 기도해도 서너 달이 걸리는 게 보통이다. 그런데 그게 다가 아니다. 성령이 내주하는 기도를 하게 되었더라도 항상 유지되는 게 아니다. 성령이 내 안에 내주하셔서 왕성하게 활동을 하게 되려면 일상의 삶에서 끊임없는 기도가 필요하다. 그래서 쉬지 말고 기도하라고 성경이 권면하는 것이다. (살전 5:17) 쉬지 말고 기도하는 상태를 유지하려면 항상 하나님의 생각으로 가득 차 있어야 가능하다. 하나님이 싫어하는 죄성이 드러나는 생각과 행동이 돌출되면 성령께서도 탄식하시고 답답해하신다. 그러면 성령의 활동이 급격하게 줄어들며 잠잠해지며 휴면모드로 들어가신다. 평소에 기도를 방해하는 것들을 예방하며 조심해야 하는 이유이다.

자신이 아무리 조심한다고 하더라도 악한 영의 조종을 받는 사람들은 우리 주변에 널려 있으며 자신도 모르게 악한 일에 휘말려 들어가는 일도 비일비재하다. 이럴 때는 마음을 쪼개는 회개기도가 곧바로 이어져야 한다. 예수그리스도께서 십자가에서 흘리신 보혈의 희생으로 우리의 죄가 용서함을 받았지만, 여전히 우리 몸에는 죄성이 남아 있어 이 몸을 벗어 버리는 날까지 이 싸움을 계속해야 한다. 이를 두고 사도바울은 "오호라 나는 곤고한 사람이로다. 이 사망의 몸에서 누가 나를 건져내랴" (롬 7:14)라고 표현했다. 성령이 항상 내 안에 있어 당신의 뜻으로 나를 인도하시기 위해서는 끊임없는 기도를 통한 죄와의 싸움에서 승리해야 한다. 때로 넘어지는 일이 있더라도 실망에 빠지지 않고 다시 회개기도를 통해 성령의 도움을 간구해야 한다. 성령의 활동이 소멸된다는 것은 성령이 내게서 떠난다는 의미이다. 그런 일을 절대로 방치해 두어서는 안 된다.

성경적인 기도 가이드

성령으로 태어나기를 기도하라

◆

기도에 끝은 없다. 새날이 되면 다시 기도를 시도하고 하루 종일 기도하기를 즐기며 지내는 것뿐이다. 그렇지만 기도의 내공을 쌓다 보면 달라지는 것이 있다. 세속적인 인생관에서 하나님이 기뻐하시는 인생관으로 바뀌고 부족한 성품이 거룩한 성품으로 변화하는 것을 보게 된다. 그렇지만 이는 그냥 기도해서 되는 게 아니라 성령이 내주하시는 기도를 해야 한다. 많은 사람들이 자신의 희생적인 기도의 경력을 자랑하지만 정작 성령의 열매가 없다면 무용지물이다. 성령이 내주하는 기도를 오래하다 보면 자신도 모르게 성령의 사람으로 변화하는 날이 온다.

유대교의 랍비인 니고데모는 사람들의 눈을 피해 늦은 밤에 예수님을 찾아온다. 그러고는 그간 가슴에 품은 궁금증을 내뱉는다. 영생을 얻기 위해서는 무엇을 해야 하느냐고 물었다. 그런데 예수님은 뜻밖의 말씀을 하신다. 성령으로 다시 태어나야 한다고. (요 3:5) 그러나 그는 성령으로 다시 태어나는 것에 대해 무지했다. 그래서 어머니 뱃속으로 다시 들어가야 하냐고 되물을 정도이다. 그 유대교의 지도자들도 성령에 대해 무지하였으니 성령으로 다시 태어난다는 말을 이해할 수 없었던 것도 무리가 아니다. 그러나 사도들과 제자들에게 내린 성령세례로 인해 기독교가 역사 속에서 새롭게 등장했으며 우리네 교회에서도 성령은 아주 익숙한 이름이 되었다. 그러나 아쉽게도, 여전히 성령으로 다시 태어나는 사람들을 보는 것은 어렵다. 성령으로 태어났다는 말은 세상적인 사람에서 성령의 사람으로 변화되었다는 것을 의미한다.

성령의 사람의 특징은 인생관이 하나님이 기뻐하시는 뜻을 추구하는 사람이 되며 부족한 성품이 거룩한 성품으로 확연히 변화된 것이 감지된 사람이 되어야 한다. 성령이 사람이 되었다면 하나님과 동행하는 삶을 실천하며 기도응답과 문제 해결이 즉각 내려오기도 한다. 그러나 기도의 목적은 즉각적인 응답이나 지난한 삶의 문제를 해결받는 데 있지 않다, 우리의 죄를 대속하기 위해 십자가의 희생을 마다하지 않으신 예수님의 은혜와 사랑하는 외아들을 아낌없이 보내 주신 하나님의 사랑에 감사하여 남은 일생을 그분의 뜻대로 살고자 작정하고 실천하는 데 있다. 이런 사람이 되었다는 것은 기도의 내용과 신앙의 태도에서도 쉽게 찾아볼 수 있다.

오랜 신앙의 연륜에도 세속적인 모습을 벗어 버리지 못한 사람들은 기도를 시작하면 오직 부와 명예, 성공, 건강 등의 자신을 위한 내용으로 일관되지만 성령의 사람들은 하나님의 뜻에 순종하는 기도와 그 나라를 위한 능력만을 구한다. 목회자를 위시한 다른 교인들이 자신의 희생적인 신앙 행위를 보아 주기를 원하는 종교적인 사람들과는 달리, 교회에서가 아니라 일상에서 성령 하나님과 지속적인 교제를 하는 게 특징이다. 그러나 안타깝게도 우리네 주변에는 성령으로 다시 태어난 사람들을 보기 어렵다. 집회분위기에 휩쓸린 감정적인 느낌을 성령 충만으로 오해하는 이들이 더욱 많다. 교회에서만이 아니라 삶의 현장에서 끊임없이 하나님과 교제하는 기도의 습관을 들여야 성령으로 다시 태어난 사람이 될 수 있다. 또한 성령으로 태어난 사람은 하나님이 주시는 각종 은사와 능력으로 무장하여 귀신을 쫓아내며 질병을 낫게 하며 영음으로 하나님의 음성을 듣기도 한다. 사람들은 성령으로 다시 태어나기를 원하면서 정작 영적인 습관을 들이는 일에 애쓰지 않는다. 그래서 우리 주변에 성령의 사람이 보기 드문 이유이기도 하다.

기도는 종교적인 행사가 아니다

◆

교회에 나가면 기도하라고 종용받는다. 새신자라면 이런 저런 이유를 대며 뜨거운 감자(?)를 피해 가겠지만, 신앙의 연륜이 깊어지고 묵직한 직책을 받았다면 목회자의 권면에서 자유롭지 못하다. 그래서 새벽기도회를 비롯한 각종 기도회에 참석하게 된다. 그렇게 세월이 지나다 보면 종교적인 기도 습관이 들게 되는 것이다. 교회의 기도회에 참석하여 기도하는 행위는 쉽게 기도 습관을 들이는 장점이 있는 반면에 스스로 기도하는 독립심을 얻지 못하는 단점이 있다. 특정한 행사의 목적에 따른 필요를 제공해 주지만 그 목적이 사라지면 기도 역시 존재감을 잃는다. 몸이 자동적으로 반응하는 경지에 오른 사람을 제외하고는 모든 기도는 힘들고 어려운 노동임을 잊지 말아야 한다.

대부분의 사람에게 기도는 놀이처럼 즐겁지 않고 스포츠처럼 쾌감이 되는 보상도 없다. 성령이 내주하는 기도의 습관을 들여 성령이 주는 잔잔한 평안과 그 보상을 누릴 때까지 기도는 스스로 하는 게 아니라 마지못해 의무적으로 참여하는 행사에 불과하다. 말하자면, 힘들고 고된 정신노동이므로 처음부터 성경적인 기도 습관을 들여야 한다. 그런데 많은 사람들의 경우처럼 종교적인 행사에 참여하는 기도 습관을 들였다면 성경적인 기도 습관을 들이는 것은 요원하게 보인다. 종교적인 행사로 시작하는 기도회는 하나님을 만나는 것에 초점이 맞추어져 있는 게 아니라 참석하는 데 의미를 갖고 있기 때문이다. 그래서 새벽기도회에 참석하여 겨우 10분 기도했더라도 만족한다. 이렇게 자기만족이나 다른 이들의 눈도장을 받으려는 목적이라면 기도는 아무런 의미가 없다. 물론 교회에서의 갖가지 목적의 기도행사도 필요하다.

그러나 이러한 기도행사는 개인 기도를 충실히 하면서 참여해야 한다. 일상의 삶에서 성령과 깊은 교제의 기도가 없이, 다만 기도행사에 참여하는 기도는 열매가 없다. 대부분의 목회자들은 인정하지 못하겠지만 말이다. 그런 관점에서 본다면 우리나라처럼 기도행사를 많이 하는 나라도 별로 없다. 새벽기도회를 비롯해서 얼마나 많은 기도행사를 개최하고 있는가? 그러나 기도회의 숫자에 비해 기도의 열매는 초라하기 그지없다. 개인 기도를 가르치지 않은 우리네 교회의 현주소이다. 그래서 날이 갈수록 영적 침체는 가속화되고 많은 이들이 교회를 떠나고 있다. 무거운 직책이 있든 아님 오랜 신앙의 경륜이 있든지 간에 개인적으로 하나님과 교제하고 있지 않다면 죽은 신앙이다. 죽은 신앙일수록 겉치레를 화려하게 하고 형식적인 신앙 행위를 중시한다. 내면에 하나님이 없음을 남들이 눈치 채지 못하게 하기 위해서이다. 이런 현상의 원인은 형식적인 기도회에서 능력 없는 기도의 습관을 들였기 때문이다.

기도의 형식에 얽매이지 말라

새벽기도회에 성실하게 참여하는 사람들은 그렇지 못한 사람들에게 말은 안 하지만 은근한 영적 우월감을 가지고 있다. 기회가 되면 이들은 새벽기도회에 참여해야 한다고 핏대를 세워 가며 목청을 드높인다. 그래서인지 새벽기도회에 참석하지 못하는 사람들은 이들 앞에 서면 초라한 느낌을 지울 수 없다. 묘한 죄책감이 발동하기도 한다. 이러한 속내를 잘 아는 교회에서는 각종 목적을 내건 기도회를 열어 이들의 참여를 독려하며 머뭇거리던 사람들도 결연한 각오를 앞세워 작정기도를 시작한다. 40일 작정기도나 특별새벽기도회의 거창한 제목의 현수막이 교회 건물에 펄럭이는 것을 볼 수 있다. 이런 형식의 기도회에 고무된 사람들은 100일로 날짜를 넓혀 잡기도 하며 이웃 교회의 기도전략에 뒤질세라 교회마다 앞다투어 천일기도회를 여는 웃지 못할 장면이 연출된다. 기도할 날짜를 잡아 기도하는 모습은 이전에 우리네 조상들이 백일기도나 천일기도를 소원성취의 수단으로 삼아 왔기에 그리 낯선 현상은 아니다.

그러나 무슨 전투 형식의 기도 모양새를 취한다고 하나님이 감동하시는 것은 아니다. 하나님은 일상의 삶에서 끊임없이 교제하기를 원하신다. 하루 종일 기도의 삶을 사는 것이 성경적인 기도의 모습이지 대대적으로 기도행사를 홍보하고, 기도를 마치 싸워 승리해야 하는 전쟁처럼 전투적으로 보이는 것은 교회가 내건 기도회가 알맹이가 빠진 행사임을 스스로 보여 주는 것일 뿐이다.

우리 주변에는 기도를 한다는 사람들에게 기도 부탁을 하는 모습을 어렵지 않게 볼 수 있다. 대형교회에서는 예배를 마친 다음에 담임목사의 안수기도를 받으려고 길을 줄게 늘어선 모습을 보는 게 낯선 풍경이 아니다. 물론 영적인 능력이 있는 사람에게 기도를 받는 모습은 성경에서도 나타난다. 그렇지만 기도를 받으려는 사람의 믿음이 전제되지 않은 안수기도는 효험이 없다. 하나님은 기도 행위보다는 내면에 잠재된 믿음이나 성품을 날카롭게 살펴보는 분이다. 본인이 직접 믿음을 키우려 하지 않고 다른 사람의 도움으로 응답을 받으려는 행위는 아무런 열매가 없을 것이다. 자신도 열심히 기도하고 하나님을 감동시키는 믿음을 쌓으면서 다른 사람에게 중보기도를 부탁하거나 직접기도를 받는 것은 믿음의 행위로 인정받을 것이지만 말이다. 어쨌든 기도응답을 받는 요건은 기도의 형식에 있지 않다. 간절한 마음이 동원된 끊임없는 기도만이 하나님의 마음을 움직일 수 있다. 더불어 하나님이 기뻐하시는 삶을 살려고 무던히 애써야 한다. 그런 전제가 없이 단지 희생적인 기도 행위만 좇는다면 허망한 결과를 받아 들 것이 뻔하다.

38

무릎을 꿇고 기도해야 하나님이 감동하신다?

◆

무릎을 꿇고 기도하는 모습은 경건한 신앙인들에게 요구되는 관례처럼 보인다. 성경에도 무릎을 꿇고 기도하는 상황을 기록하고 있다. 그래서 예배 중에 경건한 모습으로 무릎을 꿇고 기도하는 것은 숙연한 분위기를 연출하기도 한다. 그래서인지 어떤 이는 양반다리를 하거나 다리를 펴고 기도하는 것이 경건하지 않은 태도라고 언짢게 여기기도 한다. 그러나 오랜 기도를 해 본 사람이라면 이 같은 말이 얼마나 현실성이 없는지 금방 알 수 있다.

예를 들어 청중 앞에서 5분 내외의 대표 기도하는 이들이라면 무릎을 꿇고 기도할 수 있다. 그러나 한 시간 이상 기도해야 한다면 이 같은 태도를 지속적으로 유지할 수 없다. 피가 통하지 않아 고통스럽기 때문이다. 어떤 이가 기도회에 나오려면 정장을 입고 구두를 신고 나와야 한다고 하면서, 하나님 앞에서 평상복을 입고 흙이 묻은 운동화를 신고 나오면 되겠냐고 반문했다고 한 경우와 비슷하다. 하나님은 영이시기 때문에 사람처럼 외모를 보시는 분이 아니다. 내면의 속내와 동기를 보시는 분이다. 그러므로 기도하는 태도나 기도하는 자의 외모보다는 간절한 속내와 하

성경적인 기도 가이드

나님을 향한 믿음의 정도를 보시는 분이다. 하나님을 두려워하는 사람이라면 무릎을 꿇고 기도하지 않아도 경건하게 기도할 것이지만, 하나님을 두려워하지 않는다면 단정한 복장으로 무릎을 꿇고 엄숙하게 기도하더라도 하나님을 기쁘게 하지 못한다.

하나님 앞에 경건한 마음을 갖고 있다면 항상 경건한 태도를 보여 주게 될 것이다. 그러나 하나님을 경외하며 경건한 마음이 없다면 혼자 있는 동안에는 원래의 경건하지 않은 상태로 돌아갈 것이다. 하나님은 영이시기에 우리의 속내를 잘 알고 계시다. 마음은 부패하고 믿음이 없는데 사람들 앞에서 거룩한 체하고 경건한 모습을 보여 주는 가증한 태도를 책망할 것이다. 예수님 시절에 서기관들과 바리새인들은 사람들이 북적거리는 시장이나 광장에서 큰 소리로 기도하기를 즐겼고 옷 술에 크게 성경 구절을 수놓아 다니곤 했다. 예수님은 이들을 두고 외식하는 자들이라고 분노하셨다. 기도할 때 무릎을 꿇고 기도할 수 있다면 그렇게 해도 좋다. 그러나 그런 자세로 하는 습관을 들였다면 관절염을 조심하는 게 좋을 것이다. 중요한 것은 기도하는 다리의 자세나 기도자의 복장이 아니라 속내와 동기이다. 늘 마음에 하나님을 경외하며 경건한 마음으로 채워져 있다면, 사람들이 보든지 보지 않든지 항상 경건한 태도를 유지하게 될 것이다.

39

금식기도에 대한 불편한 진실

♦

　적지 않은 크리스천들이 금식기도에 대한 환상을 가지고 있다. 응답받아야 하는 절박한 문제에 직면했다면 짐을 싸 들고 기도원에 들어가 금식기도를 하면 문제를 해결받을 수 있다고 믿는 이들이 적지 않다. 그렇다면 금식기도에 대한 성경적인 관점은 어떤가? 많은 이들이 기억하고 있는 이사야 58장 3절에서 6절까지의 성경구절은 다음과 같다. "우리가 금식하되 어찌하여 주께서 보지 아니하시오며 우리가 마음을 괴롭게 하되 어찌하여 주께서 알아주지 아니하시나이까 보라 너희가 금식하는 날에 오락을 구하며 온갖 일을 시키는도다 보라 너희가 금식하면서 논쟁하며 다투며 악한 주먹으로 치는도다 너희가 오늘 금식하는 것은 너희의 목소리를 상달하게 하려는 것이 아니니라 이것이 어찌 내가 기뻐하는 금식이 되겠으며 이것이 어찌 사람이 자기의 마음을 괴롭게 하는 날이 되겠느냐 그의 머리를 갈대 같이 숙이고 굵은 베와 재를 펴는 것을 어찌 금식이라 하겠으며 여호와께 열납될 날이라 하겠느냐 내가 기뻐하는 금식은 흉악의 결박을 풀어 주며 멍에의 줄을 끌러주며 압제 당하는 자를 자유하게 하며 모든 멍에를 꺾는 것이 아니겠느냐" 이 내용은 금식이라는 희생적인 기도의 행위보다는 평소에 가지고 있는 말과 행위가 하나님이 기뻐하셔서야 한다는 뜻이다. 그러나 어찌된 일인지 우리네 교회에는 이 성경구절을 금식기도의 탁월한 효과(?)에 대한 근거로 사용하고 있다.

　금식기도는 음식을 단호하게 끊고 고통을 인내로 견디며 온전히 하나님께 기도하는 희생적인 기도의 방식이다. 그래서 성경의 위인들은 금식기도를 권면하고 있다. 자신들도 금식기도에 대한 응답을 경험했기 때문일 것이다. 금식기도에 대한 하나님의 애정은 예나 지금이나 변함이 없다. 그러나 중요한 것은 금식기도에 대한 효과가 아니라 평소의 삶에서 하나님이 기뻐하시는 뜻을 행하는 데 있다. 삶의 현장에서 하나님의 뜻을 행하면서 금식기도를 한다면 놀라운 결과를 목도할 것이 분명하다. 그런 사람들을 하나님이 찾으시기 때문이다. 그러나 안타깝게도 일상의 삶에서는 하나님의 뜻과 상관없이 살다가 문제가 생겨 금식기도의 카드를 꺼내 든다면 아무런 효험이 없을 것이다. 금식기도는 하나님이 감동하시는 기도의 행위이다. 자신의 욕망을 내려놓고 오직 하나님만을 바라보는 견고한 믿음의 자세를 보여 주고 있기 때문이다. 그러나 여전히 욕망을 추구하는 마음을 버리지 못한 채, 이를 얻으려는 수단으로 금식기도의 방법을 차용하고 있는 이들이 주변에 너무도 많다.

40

영안을 뜨라

◆

　보통의 크리스천에게는 영안(靈眼)이라는 말이 어색하고 낯설기만 할 것이다. 영안이란 영적인 눈의 한자어이다. 육체의 눈은 망막에 비친 세상을 보게 하지만 영안은 영적인 존재와 그 활동을 보게 한다. 기도란 영적인 존재의 하나님과 대화하는 것이므로 영적인 존재에 대한 시야를 가져야 한다. 영적인 존재는 하나님 이외에도 사탄과 귀신들도 있다. 악한 영들의 존재와 그 공격에 대해서도 잘 알아야 생명과 영혼을 지킬 수 있다. 결국 영안을 떠야 영적인 존재와 그 세계를 알 수 있다는 말이다.

　그렇다면 영안을 뜬다는 것은 어떤 현상을 말하는 것일까? 수많은 크리스천들이 기도를 하고 있다. 그렇지만 그들의 기도 목적은 단지 소원하는 것들이 이루어지는 것일 뿐 영안의 시야에는 관심조차 없다. 그렇지만 영안을 갖지 않는다면 소원하는 일들도 없을 것이다. 영적인 존재인 하나님은 영안으로 보이기 때문이다. 영안을 떠야 비로소 하나님의 존재감을 깨닫고 그분의 뜻을 알고 그 뜻대로 살아갈 수 있다.

　영안을 뜨는 통로는 여러 가지이다. 가장 일반적인 통로는 기도와 말씀을 통해 깨달음을 얻는 것이다. 깨달음이란 머릿속으로 들어오던 지식이 가슴으로 내려와 확신을 갖게 되는 것을 말한다. 확신을 갖게 되면 이성으로 알던 것이 감정과 합해져서 더 큰 확신으로 성장한다. 영안의 통로는 깨달음만이 아니다. 꿈을 통해서도 하나님의 뜻을 깨닫게 된다. 대체적으로 꿈은 하나님이 주시는 꿈과 악한 영이 주는 것 그리고 생리적으로 꾸는 꿈이다. 이 중에서 하나님이 주시는 꿈은 영적인 메시지가 있다. 그렇지만 이 역시 하나님이 주시는 지혜인 분별력이 있어야 그 뜻을 알 수 있다.

　일반적인 통로인 깨달음이나 꿈 이외에 특별 통로가 있다. 환상과 예언이다. 환상은 꿈과는 달리 깨어 있는 동안에 보이는 현상이고 예언은 영음으로 듣는 것을 말한다. 영적 능력에 관심 있는 크리스천이라면 모두 경험해 보고 싶어 하는 것들이다. 특히 화려한 은사 중의 하나인 예언이 그렇다. 그러나 영음으로 듣는 현상은 악한 영이 틈을 타서 속이는 일도 빈번하고 분별력이 없다면 자신의 생각을 하나님이 주시는 말씀으로 오해하기 일쑤이다. 또한 예언은 우리네 교회에서 터부시하는 은사이기도 해서 자칫 잘못하면 구설수에 오르고 상처를 받기 쉽다. 특히 세미하게 들리는 경우가 많아 경험 많은 예언자에게 적지 않은 훈련을 받아야 정확한 영음을 분별할 수 있다. 그러나 믿을 만한 예언자조차 찾기 어려운 풍토에 탁월한 훈련까지 시킬 수 있는 지도자가 없는 것이 우리가 마주한 척박한 현실이다. 이렇듯 영안을 뜬다는 것은 만만치 않은 일이다. 그러나 기도하는 사람이라면 누구나 영안을 떠야 한다. 그래야 영적인 세계를 깨닫고 하나님이 사용하시는 일꾼이 되는 자격을 얻기 때문이다.

죄가 공격할 때는
'보혈의 능력'을 계속해서 요청하라

◆

성경에서 말하는 죄란 하나님이 미워하시는 모든 생각과 행위를 말한다. 이 죄의 근거는 인간의 조상인 아담이 하나님의 명령을 배반하고 선악과를 따 먹음으로써 사람에게 들어왔다고 성경은 전하고 있다. 아담의 불순종 사건으로 하나님께 벌을 받게 됨으로써 인간에게 죽음은 숙명이 되었다. 그러나 천만다행으로 예수님의 십자가 희생으로 우리의 죄가 용서받아 하나님과의 관계가 회복되어 천국에 들어가는 자격을 얻을 수 있었다. 그러나 육체를 지니고 이 땅에서 사는 동안에는 죄를 향하고 싶은 죄성(罪性)을 지닌 채 살아가야 한다.

죄성이란 우리의 몸이 원하는 탐욕과 방탕을 비롯한 교만, 미움, 질시, 분열 등의 악한 속성들을 말한다. 죄성이 몸에 남아 있는 한 탐욕과 쾌락을 추구하는 삶을 소원하게 되고 이 과정에서 미움과 시기, 속임, 분열로 죄악을 저지르게 된다. 이 같은 죄성은 모든 사람들에게 들어가 있다. 이 죄성 때문에 불행한 삶에 빠지게 된다. 모든 중독은 쾌락을 탐닉한 결과이다. 알코올중독을 비롯해서 포로노중독, 도박중독, 게임중독, 쇼핑중독 등이 그렇다. 짜릿한 쾌감을 즐기다 보면 어느새 중독의 포로가 되어 인생을 망치게 된다. 이러한 증상은 쾌락을 좇는 죄성의 보편적인 현상이다.

그러나 이보다 더 일반적으로 볼 수 있는 현상은 자기를 사랑하는 이기적인 마음으로, 이는 교만, 미움, 질투 등의 악한 마음이 분노, 싸움, 분열의 증상으로 나타나서 이혼이나 복수, 살인 등의 결말로 치닫게 된다. 하지만 이보다 더욱 악한 죄성이 있다. 바로 탐욕이다. 탐욕은 돈을 사랑하는 마음으로 드러나며 부자가 되고 싶어 하는 모든 세상 사람들을 자신의 포로로 만든다. 부자가 되기 위해 평생 노동에 시달리다가 죽음이 임박해서도 포기를 모른다. 부자가 된 사람들도 이 돈들을 불리고 지키기 위해 남은 시간과 정력을 소비한다. 그보다 더욱 무서운 행위는 수단, 방법과 불법과 불의를 마다하지 않고 돈을 거머쥐려는 태도다. 이러한 탐욕에 사로잡힌 사람은 가정을 파괴하고 자신의 생명과 영혼을 팔아넘긴다. 사람에게 닥치는 모든 불행의 원인은 아담에서부터 시작된 죄성에서 기인한다.

이러한 갖가지 죄성은 기도를 방해한다. 술이 조금만 들어가도 기도에 집중할 수 없는데 술에 중독된 사람이 어떻게 기도에 몰입할 수 있겠는가? 포르노나 게임에 중독된 사람은 눈만 감으면 이러한 생각들로 머릿속이 자욱하다. 부부싸움이나 분노를 표출한 사람 역시 기도에 집중할 수 없다. 죄를 범한 사람도 죄책감에 시달려 기도를 하지 못한다. 이렇게 현상은 여러 가지이지만 기도에 집중할 수 없는 현상은 동일하다. 이는 기도 습관을 들이려는 초보자에게만 해당되는 사실이 아니다. 오랫동안 규칙적인 기도 습관을 들였던 사람도 예외는 아니다.

예를 들어 우연히 컴퓨터 메일에 들어온 포르노를 훔쳐보았다면 그 강렬한 생각이 기도에 집중하지 못하게 한다. 부부싸움을 하였다면 격앙된 감정이 내려앉은 이후에도 머릿속이 산만해지고 죄책감에 시달려 기도에 집중이 되지 않는다. 이러한 경우에 기도에 집중하는 방법은 먼저 진심으로 회개를 하는 것이다. 형식적으로 입술을 움직이지 말고 마음이 후련해질 때까지 반복해서 회개한다. 그리고 나서 예수그리스도께서 십자가에서 흘리신 보혈의 능력을 간절하게 외치며 기도하는 것이다. 예수님은 우리의 과거의 죄와 현재 그리고 미래의 죄까지 용서하시기 위해 십자가에 돌아가셨다. 예수 그리스도를 믿음으로 과거의 죄는 이미 용서함을 받았을지 몰라도 사람 안에 들어 있는 죄성은 언제나 죄를 촉발시킬 것이다. 그러므로 우리는 기도할 때마다, 연약한 육신 때문에 알고 있지만 어쩔 수 없이 지은 죄와 모르고 지은 죄까지도 철저히 회개하여야 한다. 예수 그리스도의 보혈의 능력은 죄가 공격할 때 대단한 능력을 발휘한다. 내 안에 있는 여러 죄성의 공격으로 기도에 집중이 안 되고, 죄책감에 시달리며, 마음이 산만할 때는 죄를 용서하신 예수님의 보혈의 능력에 기대어서 기도를 해야 한다. 이럴 때는 다른 기도를 해 봤자 아무런 소용이 없다. 오직 예수 그리스도의 보혈의 능력만이 하나님과 다시 관계가 회복되는 유일한 해결책이다.

42

기도에 집중이 되지 않을 때는
생각을 지켜 달라고 기도하라

✦

　죄성(罪性)이 기도를 공격할 때는 기도가 집중이 안 되는 것은 물론이고 기도 자체가 하기 싫어진다. 분노가 폭발한 뒤에는 감정이 쉬이 사그라지지 않으며 하나님이 싫어하시는 죄를 범했다면 죄책감으로 마음이 어두워져 있는 상태일 것이다. 이러한 상태에 있을 때는 기도 자체가 하기 싫어진다. 그래서 기도를 쉬다가 아예 기도 행위를 놓아 버리는 이들도 흔하다. 그래서 기도 결심이 오래 유지되지 못하는 원인이 되기도 한다. 오랫동안 기도 습관을 유지한 사람들도 이러한 상태에 빠지면 기도가 괴로운 정신노동이 된다. 기도하려고 앉았어도 집중이 되지 않아 시간만 허비하다가 일어나곤 한다. 특히 여러 문제에 대한 걱정과 염려가 머릿속을 가득 채우고 있다면 기도하려 해도 집중이 되지 않으며, 기도하는 시간이 걱정과 염려에 몰두하게 되니 더욱 아이러니하다.

　필자는 기도에 집중되지 않을 때 가장 많이 하는 기도로써 생각과 마음을 지켜 달라는 요청을 많이 하게 된다. 이는 빌립보서에 있는 바울의 권면이기도 하다. "아무것도 염려하지 말고 다만 모든 일에 기도와 간구로, 너희 구할 것을 감사함으로 하나님께 아뢰라 그리하면 모든 지각에 뛰어난 하나님의 평강이 그리스도 예수 안에서 너희 마음과 생각을 지키시리라" (빌 4:6~7) 요청하는 기도를 할 때는 하나님의 약속하신 성경구절을 붙들고 기도하는 게 효과적이다. 하나님은 거룩하신 분으로 자신이 성경에 약속하신 말씀들은 온전하게 지키시는 분이다. 그러므로 성경에 기록된 약속의 말씀을 반복하며 기도한다면 하나님의 도우심을 어렵지 않게 받게 된다.

성령께서 우리의 마음을 다스리고 강하게 활동할 때는 기도집중도 쉽게 된다. 그러나 마음이 분열되고 산만할 때는 기도가 집중이 되지 않고 잡념이 틈타고 졸게 되는 일이 흔하다. 이러한 경우에는 그냥 기도하기보다 위의 성경말씀을 반복해서 통성으로 기도하기를 권한다. 통성으로 기도하는 것은 침묵으로 기도할 때보다 기도에 몰입하기 쉽다. 게다가 약속의 말씀을 붙들고 기도하면 하나님의 도우심이 내려오는 놀라운 경험을 하게 된다. 기도란 자신과의 싸움이다. 오랜 습관으로 기도하는 게 어렵지 않은 사람들도 기도에 집중하는 것은 늘 어려운 싸움이다. 영적인 기도 습관이 들었다는 것은 기도에 집중이 되지 않을 때에도 나름대로 몰입하는 방법을 알고 있다는 것이기도 하다. 날마다 기도의 싸움을 하는 사람들은 기도가 잘되지 않는 날도 꾸준하게 기도하는 능력을 길러야 한다.

43

기도 매너리즘에 빠지지 말라

✦

기도를 좀 하는 사람이라면 기도는 으레 해야 하는 행사로 여기기 일쑤이다. 규칙적으로 새벽기도회에 나가는 사람은 어쩌다 늦잠을 자서 기도회에 참석하지 못하는 것인데도 하루가 찜찜할 것이다. 매주 교회에서의 기도회에 참석한다면 다른 일을 제쳐 놓아야 한다. 이러한 여파는 식사 앞에서 두 손을 모으는 식사기도나 잠자기 전에 침대에서 기도하는 버릇도 비슷한 유형일 게다. 필자는 이러한 기도모습을 폄훼할 생각이 없다. 일정한 때에 규칙적으로 정해 놓고 기도를 하는 것은 좋은 기도 습관이다. 예수님께서는 새벽마다 밤마다 한적한 시간이면 으레 감람산에서 기도를 하시곤 했다. 예수님 시대의 경건한 유대인들도 하루 세 번 정해 놓고 기도하곤 했다. 다니엘은 정적들이 보는 앞에서 창문을 활짝 열어 놓고 기도하였고 베드로와 고넬료도 규칙적으로 기도했다는 성경의 기록을 볼 수 있다.

그러나 규칙적으로 습관을 들여 기도하는 사람들에게도 치명적인 독이 없는 게 아니다. 습관적으로 기도하는 것은 칭찬할 만하지만 형식적으로 기도하는 습관이 되었다면 허망한 일이기 때문이다. 만약 형식적인 습관으로 기도하게 되었다면 기도 매너리즘에 빠졌다고 보아야 한다. 우려스런 일이지만, 실상 우리네 교회에서 흔히 보이는 일이다. 적지 않은 사람들이 새벽기도회에 출석하지만 20분을 채 넘기지 못하는 이들이 부지기수이다. 기도란 하나님과 만나는 영적인 교제이다. 영이신 하나님을 만나려면 정신을 몰입하여 기도에 전념해야 한다. 그렇기에 기도를 시작하자마자 유창하게 방언이 나온다 해도 아직 하나님을 만난 것은 아니다.

필자의 경험에 의하면 기도를 시작하여 간절히 하나님을 찾는 시간이 적어도 10분 이상 되어야 한다. 필자는 약 20~30분 하나님을 찾고 찬양하는 데 시간을 소비한다. 그런데 기도시간이 20분이 채 되지 않았다면 제대로 하나님을 만났다고 보기 어렵다. 이런 사람들은 대부분 자신이 원하는 기도목록을 요청하는 것으로 기도시간을 메운다. 이런 현상은 기도 훈련이 되지 않았든지 아님 성령이 내주할 때까지 기다리지 않기 때문이든지 둘 중 하나일 것이다. 이렇게 문제가 심상치 않은 데도 자신의 기도 방식을 바꾸지 않는 사람들은 기도 매너리즘에 빠져 있다는 증거이다.

기도 매너리즘이란 형식적으로 기도하는 것을 말하며 기도의 증거나 열매를 얻기보다 기도 행위를 단지 자기만족으로만 삼기 때문일 것이다. 이렇게 매너리즘에 빠진 형식적인 기도 행위는 아무런 능력도 열매도 없다. 하나님이 듣지 않는 기도는 죽은 열매를 땅에 심는 것과 같다. 아무리 물을 주고 거름을 주더라도 싹이 나지 않을 것이다. 오랫동안 기도해도 기도응답도, 문제 해결도 오지 않았다면 기도시간을 단지 형식적으로 채우지 않았는가 생각해 보면 어렵지 않게 알 수 있다. 자기를 만족시키는 형식적인 기도 행위는 시간낭비이며 종교적인 크리스천의 모습이다.

44

주기도문을 묵상하라

✦

마 6:9~13

하늘에 계신 우리 아버지여 이름이 거룩히 여김을 받으시오며 나라가
임하시오며 뜻이 하늘에서 이루어진 것 같이 땅에서도 이루어지이다
오늘 우리에게 일용할 양식을 주시옵고 우리가 우리에게 죄 지은 자를
사하여 준 것 같이 우리 죄를 사하여 주시옵고 우리를 시험에 들게 하
지 마시옵고 다만 악에서 구하시옵소서

주기도문은 하도 유명해서 더 이상 언급이 필요 없다. 그렇지만 주기
도문처럼 형식적으로 쓰이는 성경 구절도 별로 없다. 그만큼 주기도문의
중요성을 제대로 깨달은 이들은 드물다. 우리네 교회의 주기도문은 내용
보다 예배의 마침을 알리는 의식으로, 지루한 예배가 끝나는 신호로 즐
거운 마음(?)으로 외치고 있다. 주기도문의 내용은 크게 두 부분으로 나
눌 수 있는데, 하나님을 찬양하고 하나님의 뜻을 구하는 부분과 이 땅에
서 우리가 필요한 내용을 요청하는 부분이다. 이 땅에서 구하는 목록도
우리가 요청하는 내용처럼 성공이나 형통함을 구하는 것이 아니라 최소

한의 생계비와 평안한 영혼을 위한 요청이다. 사실 주기도문은 하나님이 원하시는 뜻을 함축하는 최상의 내용으로 이루어져 있지만, 우리의 속내와 다른 이유로 실제적으로 그리 애용되지 않는 듯하다. 우리의 탐욕과 하나님의 뜻의 커다란 차이를 알 수 있는 대목이기도 하다.

　세간의 생각이 어떠하든지 간에, 필자는 아침저녁의 규칙적인 기도시간에 주기도문을 빠짐없이 반복하여 묵상하고 있다. 특히 앞 구절의 하나님의 이름을 거룩히 부르라는 대목과 하나님의 나라가 임하게 해 달라는 대목 그리고 하나님의 뜻이 이 땅에서 이루게 해 달라는 대목은 수십 번 반복한다. 오랜 시간 동안 이 내용을 무한 반복하여 묵상하면서 기도가 빨려 들어가는 느낌을 수도 없이 받았다. 성령이 충만하게 채워진다는 것은 그만큼 하나님이 기뻐하신다는 반증이기도 하다. 그중에서도 하나님의 뜻이 이루게 해 달라는 내용은 정말 중요하다. 우리의 삶이 내 뜻이 아니라 하나님의 뜻대로 살아야 하기 때문이다. 그렇다면 기도도 그렇게 해야 하지 않겠는가? 기도도 하지 않으면서 그렇게 살겠다고 말만 하는 것은 가증스러운 일이다. 우리의 모든 능력의 원천은 하나님을 향한 기도를 통로로 하기 때문이다.

45

바울의 기도문을 묵상하라

✦

골 1:9~12

너희로 하여금 모든 신령한 지혜와 총명에 하나님의 뜻을 아는 것으로 채우게 하시고 주께 합당하게 행하여 범사에 기쁘시게 하고 모든 선한 일에 열매를 맺게 하시며 하나님을 아는 것에 자라게 하시고 그의 영광의 힘을 따라 모든 능력으로 능하게 하시며 기쁨으로 모든 견딤과 오래 참음에 이르게 하시고 우리로 하여금 빛 가운데서 성도의 기업의 부분을 얻기에 합당하게 하신 아버지께 감사하게 하시기를 원하노라

필자는 주기도문을 묵상하고 나서 곧바로 위의 바울의 기도문 묵상에 들어간다. 바울의 기도문은 골로새서뿐 아니라 에베소서에 있는 기도문(엡 3:16~19)도 유명하다. 예전에는 두 가지 기도문을 병행하기도 했는데 지금은 위의 기도문을 선호한다. 왜냐하면 필자와 같은 사역자에게 꼭 필요한 기도문이기 때문이다. 그중에서도 첫머리인 신령한 지혜와 총명으로 하나님의 뜻을 알게 해 달라는 내용은 언제나 마음에 깊이 와닿는다. 하나님의 뜻을 알고 삶에 적용하는 것이야말로 우리의 지켜야 할 본

분이며 하나님이 가장 기뻐하시는 행위이기도 하다. 덧붙여 선한 열매를 맺는 간구와 더불어 기쁨으로 견딤과 오래 참음을 이루는 것도 필자의 마음을 짠하게 해 준다. 견딤과 오래 참음은 하나님이 모든 당신의 자녀에게 요구하는 덕목이다. 고통스럽기 짝이 없기에 모두 회피하고 싶겠지만 하나님의 나라를 지향하는 우리에게 결코 피할 수 없는 운명 같은 내용이다. 결국 날마다 기도로써 하나님의 도우심을 구하는 수밖에 다른 방법이 없다.

마지막으로 영광의 힘을 따라 능력을 달라는 내용은 항상 필자가 간구하는 목록이다. 사역자라면 자신의 지혜나 능력으로 사역을 하는 게 아니라 성령의 나타나심과 그 능력으로 해야 한다. 성령의 능력이 없다면 허수아비와 같은 종일 것이다. 필자는 위 기도문의 응답은 적지 않게 받았다. 지혜와 지식의 은사는 물론 인내의 능력도 얻게 되었다. 그렇지만 무엇보다도 천국의 소망을 향한 마음을 잃지 않게 된 것이 최고의 수확이다. 필자뿐 아니라 하나님의 사명을 감당하고자 하는 크리스천이라면 항상 위의 바울의 기도문을 묵상하고 기도해야 한다. 덧붙여서, 에베소서의 기도문도 함께 묵상하고 기도할 수 있다면 금상첨화일 것이다. 성경의 기도문은 하나님이 가장 기뻐하시는 기도이다. 우리의 탐욕이나 방탕이 전혀 없는 모범적인 기도문을 내 기도로 삼는다면 축복받은 자녀임이 틀림없다.

성경적인 기도 가이드

46

다윗의 기도문을 묵상하라

✦

시 23편

여호와는 나의 목자시니 내게 부족함이 없으리로다 그가 나를 푸른 풀밭에 누이시며 쉴 만한 물 가로 인도하시는도다 내 영혼을 소생시키시고 자기 이름을 위하여 의의 길로 인도하시는도다 내가 사망의 음침한 골짜기로 다닐지라도 해를 두려워하지 않을 것은 주께서 나와 함께 하심이라 주의 지팡이와 막대기가 나를 안위하시나이다 주께서 내 원수의 목전에서 내게 상을 차려 주시고 기름을 내 머리에 부으셨으니 내 잔이 넘치나이다 내 평생에 선하심과 인자하심이 반드시 나를 따르리니 내가 여호와의 집에 영원히 살리로다

아시다시피, 다윗은 다방면에 출중한 인물이었다. 용감한 군인에다 탁월한 지도력을 갖춘 왕이었고, 하프를 능숙하게 타던 악기연주가이면서, 무엇보다도 훌륭한 시인이었다. 그가 얼마나 감정이 풍부한 언어의 마술사였는지는 그가 지은 시편을 보면 잘 나타나 있다. 필자는 찬양과 감사를 할 때 시편의 말씀을 붙잡고 기도하곤 한다. 그의 찬양과 감사의 내용

은 어느 성경 구절과 비교할 수 없을 정도로 탁월하다. 시편이 마음이 와닿는다면 신앙이 성숙한 단계라고 보아도 된다. 시편은 피조물인 인간이 생사화복을 주관하시는 하나님께 드리는 최고의 경배이기 때문이다. 그중에서도 시편 23편은 빼어난 내용으로 채워져 성경의 백미이다. 어느것 하나 부러울 것이 없는 왕의 신분이었지만 참혹한 고난과 뼛속까지 스며든 고통의 삶을 짊어진 다윗이었기에 그런 시를 지을 수 있었다. 시편 23편은 필자가 기도 중에 묵상하는 기도문이지만 무엇보다 삶의 환란과 고난에 빠져 허우적거리고 있다면 가장 먼저 추천해 주고 싶은 기도문이다. 이 말씀을 고요하게 그리고 천천히 묵상하고 있으면 좌절과 슬픔의 눈물에서 하나님이 주시는 기쁨과 위로의 눈물로 바뀌는 자신을 발견할 수 있을 것이다.

필자는 기도를 시작하면 하나님의 이름을 부르며 찬양과 감사를 20~30분 하다가 성령이 내주하는 느낌으로 채워지면 위의 기도문을 차례차례 묵상하며 기도한다. 묵상은 암송과 다르다. 암송이 글자 그대로 외우는 것이라면 묵상은 그 뜻을 음미하며 골똘하게 생각하는 것이다. 묵상할 때는 순서가 조금 틀리거나 일부를 빼먹어도 상관이 없다. 성령이 내주하는 대로 맡기면서 찬찬히 기도하면 잔잔한 평화와 넘치는 기쁨으로 채워지고 성령의 위로와 깨달음이 샘솟듯 솟아 나온다. 그래서 필자는 기도 훈련을 시작해서 지금까지 위의 기도문을 빼놓지 않고 묵상하고 있다. 기도문 묵상이 끝나면 간구와 중보기도로 들어간다. 약 두 시간 기도하는 아침기도시간의 3분의 2는 하나님의 이름을 부르고 찬양하고 감사하며 위의 기도문을 묵상한다. 그리고 나머지 시간은 사역이나 영혼구원을 위한 간구나 제자들을 위한 중보기도로 채운다. 이렇게 기도하다 보면 시간이 금방 지나간다. 오랜 시간 기도하는 것도 중요하지만 더욱 중요한 것은 하나님이 기뻐하는 내용으로 채워야 한다.

다니엘의 기도 습관을 본받으라

✦

아시다시피 다니엘은 탁월한 영적 능력을 지닌 성경의 위인이다. 그는 바벨론으로 끌려간 왕족 출신으로 꿈과 이상을 해석하는 능력으로 왕의 총애를 받았다. 느부갓네살의 꿈을 해석한 이야기는 유명하며 벨사살의 왕궁 벽에 쓴 손가락 글씨를 해석한 대목은 지금도 기이하다. 그뿐 아니라 대바벨론의 제국의 미래와 메시야 왕국의 도래한 자신의 꿈들 역시 지금도 많은 이들에게 회자되고 있는 역사를 향한 하나님의 계획으로 받아들여지고 있다.

그가 이렇게 위대한 성경의 위인으로, 하나님이 귀하게 사용하게 된 데는 나름대로 이유가 있겠지만, 하나님과 깊이 교제하는 영적인 습관에서 그 탁월한 영적 능력의 원동력을 받았음을 가늠해 볼 수 있다. 다니엘은 그의 정적들로부터 모함을 받아 30일 동안 왕 이외에는 아무에게도 기도하지 못하도록 한 금령을 어기고 기도하여 사자 굴에 빠지는 위험에 처하게 되었다. 그 근거는 아래의 성경말씀이다. "다니엘이 이 조서에 왕의 도장이 찍힌 것을 알고도 자기 집에 돌아가서는 윗방에 올라가 예루살렘으로 향한 창문을 열고 전에 하던 대로 하루 세 번씩 무릎을 꿇고 기도하며

그의 하나님께 감사하였더라" (단 6:10)

이처럼 다니엘은 왕의 명령을 어겨 사형에 당할 줄을 알면서도 여호 와 하나님께 기도를 하였는데, 그것도 정적들이 볼 수 있도록 집의 윗방 의 창문을 열어 놓고 하루 세 번씩 기도하였다는 대목은 의미심장하다. 목숨이 위태로운 처지에서도 아랑곳하지 않고 하루 세 번씩 기도한 것으 로 보아 평소에도 그렇게 기도한 것을 알 수 있다. 이 관행을 물려받은 경 건한 유대인들은 하루 세 번 기도했다는 대목이 성경 곳곳에 나온다. 베 드로도 고넬료를 방문하게 한 환상을 본 것도 규칙적인 기도시간을 통해 서였다. 하루 세 번 기도하는 것은 깨어 있는 시간을 기도에 우선순위를 두고 살아야 가능한 일이다. 우리가 하루에 한 번, 새벽기도회에 참여하 는 것도 어려워하고 있는 이유는 기도를 단지 종교적인 의무감으로 생각 하기 때문이다. 세상 사람들은 기독교를 단지 여러 종교의 하나로 생각 하겠지만, 크리스천의 입장이라면 종교가 아니라 진리이다. 영생을 얻는 유일한 길일 뿐 아니라 평안하고 형통한 삶의 절대적인 조건이 하나님과 함께하는 영적 습관을 들이는 일이며, 이 습관이 규칙적으로 하루 세 번, 간절히 기도하는 삶의 방식으로 드러나는 것이다. 그러나 아쉽게도 다니 엘의 기도를 따라 하는 사람들은 보는 것은 극히 드문 일이다. 기도는 종 교적인 의무감이 아니라 하나님과 동행하기 위한 절대적인 과정이다. 의 무감으로 시작했다면 오래갈 수 없다. 다니엘은 목숨을 내놓을지언정 기 도 행위를 버리지 않았다. 하나님의 총애를 받은 사람은 탁월한 능력으 로 세상 사람들을 놀라게 했음은 물론이다.

야곱의 기도를 배우라

♦

성경의 위인들의 기도라면, 예수님이 말씀하신 주기도문과 바울의 기도문 그리고 다윗이 지은 시편의 기도문이 알려졌고, 일약 베스트셀러가 돼서 유명해진 짤막한 야베스의 기도문까지 등장하였지만 야곱의 기도는 좀 덜 유명하다. 그렇지만 야곱은 절박한 기도로 그의 운명을 바꾼 사람이다. 그가 식구들과 가축들을 이끌고 하란의 삼촌 라반의 집에서 떠난 것까지는 좋았지만, 어릴 적에 원수가 된 그의 형 에서가 병사들을 이끌고 그들을 맞으러 나온다는 소식을 듣자 최악의 상상으로 몸서리를 쳐야만 했다. 그는 마지막 날 가족들과 가축들을 얍복강 건너편으로 보낸 후 홀로 밤을 맞았다. 그러고는 거기로 찾아오신 하나님의 사자와 목숨을 건 기도를 시작했다. 얼마나 기도가 치열했던지 사자의 다리를 붙잡고 놓지 않자 사자가 그의 허벅지 다리를 쳐서 골절이 되어 평생 장애인이 되어 지팡이에 의지하며 걸어야만 했다.

그리고 그는 이스라엘이라는 명예로운 새 이름을 갖게 되었다. 그 이름의 뜻은 하나님과 겨뤄서 이겼다는 의미로, 지금 유대 민족의 국가 이름이기도 하다. 성령께서는 야곱의 기도를 배우라고 하셨다. 그 의미는 무엇일까? 기도란 하나님께 끈질기게 간청하는 것이라는 것을 말해 준다. 누가복음에 나오는 불의한 재판관을 따라 다녔던 과부도 끈질김으로 소원을 이루었고, 귀신들린 딸을 위해 예수님을 찾아왔던 수로보니게 여인도 자신의 민족이 개로 비하되는 모멸감을 참고 견디면서 끈질기게 요청해서 고침을 받았다. 참고 견디면서 기도하는 것은 견고한 믿음을 담보로 해야 한다. 믿음이 없으면 기도를 중도에 포기하기 쉽다. 중요한 기도 응답은 쉽게 오지 않기 때문이다. 우리 대부분은 응답이 없더라도 오랜 기간을 포기하지 않고 참고 견디면서 기도하는 끈기를 배우지 못한다. 하나님은 어떤 경우에도 포기하지 않는 기도를 하는 일꾼을 원한다. 그게 하나님이 바라시는 믿음의 결정체이기 때문이다.

그렇지만 아쉽게도 우리는 성경 속 위인들의 기도를 배우기보다는 전통적인 방식이나 관행적인 기도를 따라 하고 있다. 정작 성경을 규칙적으로 읽지 않는 성도들이 우리 주변에는 너무도 많은 게 우리네 교회가 마주한 현실이기 때문에 성경에서 하나님의 뜻을 깨닫는 것에 무지하다. 성경에서 요구하는 기도는 인간적인 관점에서의 희생적인 기도 행위가 아니라 마음을 다하여 철저하게 하나님을 붙들고 호소하는 기도이다. 그 기도의 모본을 야곱이 보여 주고 있다. 야곱이 어린 시절 형, 에서의 복수를 피해 삼촌 라반의 집으로 가는 여정에서 노숙하던 차에, 하나님의 사자들이 오르락내리락하는 것을 꿈으로 보면서 하나님의 존재를 깨닫고 베개로 베던 돌을 세워 놓고 평안하게 고향으로 돌아오게 하신다면 평생 십일조를 드리겠다는 결심을 한다. 그 결심이 자식들인 이스라엘 12부족에게 전승되어 의무적인 십일조 헌금의 효시가 되었다.

이처럼 야곱은 하나님의 존재를 눈으로 보고 행동에 옮긴 사람이다. 얍복강에서의 처절한 기도가 끝난 후 하나님은 그에게 야곱이란 이름에서 이스라엘이라는 새 이름을 지어 주었다. 그 이름은 알다시피, 하나님과 겨루어 이겼다는 뜻이다. 부족하고 연약한 인간으로서 전능하신 하나님과 겨룬다는 게 언뜻 이해가 되지 않겠지만, 선한 뜻을 위해서라면 하나님의 마음을 움직이는 견고한 믿음을 보여야 한다는 게 성경의 숨은 의도일 것이다.

49

사무엘의 기도를 하라

✦

성경에 기록된 사무엘의 인생은 심상치 않다. 그는 어머니인 한나의 고뇌에 찬 기도로 젖을 떼자마자 성전에서 자라게 되었다. 그를 하나님의 종으로 바치겠다는 서언 때문이었다. 그래서 그는 엘리 제사장의 시중을 들으면서 마지막 사사로서 위대한 선지자의 길을 걸어가게 된다. 사울과 다윗을 기름 부어 이스라엘 왕으로 세웠다는 얘기는 그가 얼마나 중요한 하나님의 종이었는지는 잘 설명해 준다. 그는 하나님과 동행하면서 영음으로 들려주시는 세미한 말씀을 들으며 이스라엘 백성들을 다스렸다. 하나님과 깊고 친밀한 교제를 하는 기도를 하였다는 것은 의심할 여지가 없다.

그렇지만 더욱 놀라운 것은 그의 기도에 대한 성경의 언급 때문이다. "나는 너희를 위하여 기도하기를 쉬는 죄를 여호와 앞에 결단코 범하지 아니하고 선하고 의로운 길을 너희에게 가르칠 것인즉"(삼상 12:23)이라고 말한 것을 미루어 볼 때 그가 쉬지 않고 기도하였다는 것을 어렵지 않게 알 수 있다. 이 같은 기도의 태도는 사무엘만 말한 것이 아니다. 사도 바울도 쉬지 말고 기도하라고 하지 않았는가? 이처럼 사무엘이나 바울이 탁월한 하나님의 종이 되어 귀한 쓰임을 받게 된 것은 쉬지 않고 기도하는 습관을 들였기에 가능했다. 그러나 아쉽게도 우리는 이 같은 기도의 권면을 듣기 힘들다. 새벽기도회에만 성실하게 출석해도 대단하다고 여기는 우리네 교회의 풍토에 기도를 삶의 최우선 순위에 두고 하루 종일 기도하며 사는 이들을 만나는 것은 모래밭에 바늘 찾는 격이다.

그러나 교회의 관행이나 크리스천의 생각이 어떠하든 간에, 기도의 열매를 맺기 원하는 사람이라면 성경에서 요구하는 기도방식에 따라야 한다. 하루 종일 기도의 삶을 사는 게 불가능해 보여도 그게 하나님의 방식이라면 순종하며 따라야 할 것이다. 사실 기도의 능력은 자신의 의지가 아니라 하나님께로부터 공급받는다. 하나님의 자녀라면 자신이 소유한 모든 게 하나님의 것이며, 자신 역시 하나님의 소유물이라고 고백해야 한다. 그렇다면 기도능력의 원천은 하나님이시다. 아무리 어렵고 힘들더라도 하나님이 힘을 주시고 능력을 공급한다면 불가능할 것이 없다. 하지만 해 보지도 않고 못 올라갈 나무라고 미리 짐작하고 포기하기 일쑤이다. 일주일에 한 번 기도하는 사람도 기도의 열매가 없다면 오래가지 못할 것이다. 그러나 기도의 열매를 맛보는 사람이라면 하루 종일 기도의 삶을 사는 것도 어렵지 않다. 형통하고 평안한 삶이 쉬지 않고 기도하는 영적인 습관에서 나오기 때문이다. 바울이나 사무엘은 성경의 위인 중에서도 탁월한 영적 능력의 소유자였다. 그들이 행한 기도방식을 따라 할 수만 있다면 우리도 이들의 발자취를 따라갈 수 있을 것이다. 하나님은 우리 모두가 이런 기도의 삶을 살기 원하신다. 그래서 당신의 종들을 통해 성경에 기록하고 권면하시는 것이다.

50

기도를 방해하는 악한 영을 조심하라

✦

기도를 시작하며 기도목록을 줄줄이 외며 유창하게 기도하는 방식의 기도가 아니라, 성령과 깊게 교제하며 침묵으로 기도하는 사람이라면 기도에 몰입하는 게 그리 녹록치 않은 일이라는 것은 경험을 통해 잘 알고 있을 것이다. 물론 기도의 습관이 되어 있지 않았다면 기도하는 행위 자체가 버거운 일일 수도 있다. 그렇지만 오랫동안 기도의 습관을 들인 이들이라면 기도를 방해하는 세력에 대해서 잘 알고 있을 것이다. 기도란 정신집중을 필요로 하는 정신노동이기 때문에 몰입을 방해하는 것들을 가까이하지 말아야 한다. 충분한 수면을 취하고 과도한 스트레스를 받는 일을 피해야 한다. 또한 감정을 격동시키는 그 어떤 것도 피해야 한다. 욱하는 성격에 분노를 억제하지 못하고 말다툼이나 격렬한 몸싸움을 벌였다면 당분간 기도는 물 건너갔다고 보아야 한다. 걱정이나 염려, 불안과 두려움이 마음을 지배하고 있다면 이 역시 몰입하는 기도를 할 수 없다.

그런데 그것만이 아니다. 기도를 방해하는 영적인 존재가 있다. 그들은 다름 아닌 사탄과 귀신으로 이름 붙여진 악령들이다. 그들은 인간인 우리보다 더욱 강력한 능력을 지녔기에 성령의 도움이 없다면 그들과 대적하여 이길 수 없다. 성령의 능력을 받는 통로가 기도이다. 그래서 그들은 성령이 내주하는 기도를 시작하며 이를 강력하게 방해하고 있다. 그러나 악령들은 하나님과 마찬가지로 영적인 존재이기 때문에 눈에 보이지도 않고 귀로 소리를 들을 수도 없다. 그들의 존재나 공격을 알려면 영안에 눈을 떠야 하고 그들의 공격에 대해 해박하게 알고 있어야 한다.

악한 영들은 생각을 통해서 공격한다. 그래서 자신의 생각인지 악한 영의 공격으로 인한 생각인지 분별력을 가져야 한다. 사탄이 생각을 통해 틈타는 것은 성경 여러 곳에 소개하고 있다. 사도바울은 화가 나도 오랫동안 화를 품지 말라고 경고한다. 사탄이 틈타서 공격하기 때문이다. (엡 4:26~27) 베드로도 사탄에게 당한 경우가 있다. 예수께서 자신이 죽임을 당하시고 3일 만에 부활하실 것을 말씀하시자, 즉각 그러지 말라고 붙들고 항변한다. 그러자 예수께서 베드로를 꾸짖으시며, 사탄아 내 뒤로 물러가라고 일성하고 계시는 대목이다. (마 3:31~33) 사탄이 순간적으로 베드로의 생각에 잠입하여 하나님의 계획을 방해하는 것을 확연하게 알 수 있다.

그러나 자신의 생각인지 아니면 사탄이 넣어 준 생각인지 깨닫는 것은 성령이 주시는 지혜와 분별력을 얻어야 한다. 살다 보면 누구나 화가 나고 짜증이 날 수 있다. 이는 부정적인 사건에 반응하는 자연스런 마음의 상태이다. 그러나 이런 생각을 가지고 있으면 사탄이 생각을 읽어 내고 부추겨서 감정을 통제할 수 없는 상황으로 끌고 가는 것이다. 그래서 사소한 말다툼이 큰 싸움으로 번져서 이혼을 하거나 폭력사건 혹은 살인사건으로 번지기도 한다. 그때마다 사람들은 제정신이 아니었다고 토로한다. 그때가 바로 사탄이 생각 속에 틈을 타는 것이다.

　어떤 이는 음란한 생각으로 기도를 못하기도 한다. 인터넷에 실린 야동이나 음란물을 우연히 보게 되었다면 그 생각이 자꾸 머릿속을 떠나지 않는다. 그래서 자주 찾게 되고 그러면 아주 기도를 못하게 되는 것이다. 처음에 음란한 생각이 드는 것은 자연스런 생각이다. 그러나 그 생각이 마음을 지배하게 되면 증폭이 되어 음란한 생각이 머릿속을 떠나지 않는 상태가 되는 것이다. 이때가 바로 사탄이 틈타는 때인데, 음란물을 보는 것에 그치지 않고 스스로 몰카를 찍거나 성추행을 실행하게 된다.

　알코올중독을 비롯한 각종 중독에 빠지는 것도 이와 다르지 않다. 처음에는 단순하게 시작했지만 시간이 갈수록 자신을 통제하지 못하는 상태에 빠져든다. 이런 사람들이 기도를 하지 못하게 되는 것은 당연하다. 사탄이 생각을 틈을 타서 기도를 철저하게 방해하는 것에 성공했기 때문이다. 그러므로 성령에 몰입하는 기도를 하는 사람이라면 악한 영의 공격을 철저히 예방하여야 한다. 가장 좋은 방법은 처음부터 빌미를 제공하지 않는 것이다. 화가 나면 자리를 피하고 인터넷 메일로 들어온 음란물은 금방 지워 버리고 중독이 될 만한 것들은 처음부터 시작도 하지 않는 것이다. 술에 약한 사람은 술자리를 피해야 할 것이고 컴퓨터 게임을 좋아한다면 게임 사이트에 접속하지 말아야 한다. 자신이 약한 분야는 악령도 죄다 알고 있어 틈을 주면 순식간에 정신을 공격하여 자신의 포로로 만들어 버린다. 이렇듯 이들을 경계하며 조심하지 않는다면 기도에 몰입하여 열매를 맺는 일은 요원하다. 성령에 집중하는 기도를 하려면 악한 영과의 끝없는 싸움에서 승리해야 가능하다.

51

죄성(罪性)이 자신을 지배하지 않도록 조심하라

◆

　교회에 오면 우리가 죄인이라는 말을 듣게 된다. 그러나 교회에서 듣는 죄인은 세상의 죄인과 달리 종교적인 수사로 들리기에 오래 듣다 보면 매너리즘에 빠지기 십상이다. 물론 세상에서 말하는 죄인과 기독교의 죄인은 차이가 있다. 세상에서 말하는 죄는 현행법을 위반하여 법적인 처벌을 받은 사람을 말한다. 대부분 교도소에 수감되어 죗값을 치르는 사람들이다. 그렇지만 교회에서 말하는 죄인은 형사적 혹은 민사적인 법을 위반하는 사람들과는 달리, 태어날 때부터 죄인으로 출생하였기에 누구나 예외 없이 죄인의 신분이라고 말한다. 그래서인지 교회에서 듣게 되는 죄인에 대해 죄책감을 갖는 이도 별로 없고 심각하게 생각하지도 않는다.

　그러나 세상의 죄인과 기독교의 죄인은 죄의 성질 자체도 다르고 치러야 할 죗값도 비교할 수 없이 크다. 세상 죄인은 법원에서 판사가 선고한 형벌을 이행하면 죄에 대한 책임은 소멸된다. 전과 기록이 남아 있기는 하지만 다시 죄를 짓지 않는다면 문제될 게 없다. 그렇지만 성경에서 말하는 죄는 세상에서 말하는 죄와 다르다. 즉 우리의 조상이 범죄한 이후에 운명적으로 죄가 우리의 몸에 들어왔다는 것이다. 그래서 민사 혹은 형사적인 죄를 짓지 않더라도 죄의 대가를 치러야 한다. 그 죄의 대가는 사망이며 이 땅에 사는 동안 불행한 삶의 빌미를 제공한다. 이러한 내용은 교회교육이나 설교에서 들어왔던 말이다. 그런데 우리는 죄가 자신의 생명과 영혼 또한 평안한 삶에 차지하는 비중에 대해 소홀히 생각하는 경향이 적지 않다. 감기 증상이 있는데 이를 소홀히 하다가 폐렴으로까지 악화되어 생명이 위독한 상황에 이르는 것과 같다. 죄성을 소홀히 여긴다면 고단하고 불행한 인생을 살다 영원한 지옥의 불 못에 떨어지게 되어 있다.

사람에게 죄가 없던 상태에 대해서는 자세히 알 수 없지만 죄가 들어온 상태의 정반대라고 보면 아는 게 그리 어렵지 않을 것이다. 아담의 범죄 이후 죄가 세상에 들어찬 이후에는 하나님과의 관계가 끊기고 오직 멸망받은 운명의 주인공이 되었다. 성경에서 말하는 죄인의 특징은 탐욕과 방탕, 분열, 술 취함, 싸움, 분노, 질투, 살인, 음란, 간음 등의 불의한 속성을 낱낱이 소개하고 있다. 이러한 속성은 인간인 이상 누구나 가지고 있는 것이다.

그러나 예수 그리스도께서 십자가의 보혈의 희생으로 우리의 죗값을 치루고 용서하셨기에 더 이상 죄가 우리를 지배할 수 없다. 그렇지만 우리가 죽어 육체를 떠나기 전까지는 죄의 속성인 죄성이 저절로 사라지지 않는다. 그래서 성령님이 우리 안에 내주하셔야 한다. 성령께서 우리의 마음과 몸을 통치하시고 다스리셔서 죄가 우리를 지배하지 못하게 해야 한다. 이것이 성령이 내주하는 기도가 절대 필요한 이유이기도 하다. 그렇지만 성령이 내주하기 전에는 죄가 지배하는 삶을 살 수밖에 없고, 성령이 내주하는 기도를 하고 난 후에도 이를 유지하기 위해서는 끊임없는 기도와 말씀을 가까이 하는 영적인 습관을 들여야 한다. 많은 크리스천이 오랜 신앙의 연륜에서 부족한 성품이 거룩한 성품으로 변하지 않고 세속적인 삶의 방식이 하나님이 기뻐하시는 삶으로 변화하지 않는 이유가 여전히 죄가 지배하고 있다는 증거이다. 성령이 내주하시는 기도를 통해 성령이 죄성을 억제하고 힘을 쓰지 못한 상태가 되어서야 비로소 성품이 변화하고 살아가는 이유가 달라지는 것이다. 그래서 기도가 성령이 기뻐하는 생각과 육체가 추구하는 죄성의 싸움판이 되는 것이다. 성실한 신앙생활을 하고 있지만 성령이 내주하는 기도가 없다면 여전히 죄가 지배하는 삶을 살고 있는 것이다. 그래서 삶은 허전하고 냉랭하며 기쁨과 평안이 없고 기도해도 응답이 없고 문제가 해결되지 않는다. 교회에 오면 이를 감추고 기쁜 척, 평안한 척, 속내를 숨기고 있겠지만 말이다. 성령이 함께하며 하나님과 동행하는 삶을 유지하고 있는 이들이라도 언제 죄성이 틈을 타서 자신을 지배하게 될지 모른다. 그러므로 항상 조심하여야 한다. 또한 일상에서 기도를 쉬지 않아야 하며 늘 성령과 깊고 친밀한 교제를 놓지 말아야 한다.

성경적인 기도 가이드

52

탐욕과 방탕에서 벗어나라

✦

탐욕과 방탕은 죄의 대표적인 속성이다. 그런데 이 같은 죄성이 왜 기도를 방해하는지 살펴보자. 탐욕은 대부분 돈과 관련이 있다. 부자가 되고 싶은 게 세상 사람들의 공통적인 소망이며 아무도 이를 거부하지 않는다. 그러나 부자가 되려면 대부분 탐욕적이어야 가능하다. 그래서 사람들은 부자가 되기 위해 많은 돈을 버는 데 인생의 대부분의 시간을 소비하고 있다. 아침 일찍 일어나 밤늦게 누우며 주말도 휴일도 없는 이들도 적지 않다. 그렇게 몸을 혹사하는 이유는 부자가 되고 싶기 때문이다.

이들은 돈을 버느라 기도할 시간을 내지 못한다. 설령 시간이 났더라도 몸이 피곤해 기도를 할 수 없는 상태이다. 많은 크리스천들이 바빠서 기도를 할 수 없다는 변명을 한다. 이 말의 속내는 돈을 버는 시간을 줄여가며 기도할 생각이 추호도 없다는 것이다. 적지 않게 돈을 벌어 두어 이미 평생 쓸 만한 재산을 가진 사람도 탐욕이 사라지기는커녕 더욱 많아진다. 성경은 이를 두고 돈을 사랑하는 사람은 돈으로 만족함이 없다고 잘라 말하고 있다. 결국 가난하면 돈을 버느라 기도를 하지 못하고 부자는 부자대로 더 큰 부를 쌓아 두느라 기도할 시간이 없다. 결국 재산의 유무가 아니라 탐욕을 없애지 않는다면 기도할 생각도 없고 기도할 시간도 내지 못한다.

탐욕이 기도를 방해하는 걸림돌이다. 이를 제거하지 않는다면 삶의 현장에서 하나님과 동행하는 기도를 할 수 없다. 돈과 하나님, 둘 중에서 하나를 선택해야 한다고 예수님께서 명령하신 이유이다.

또 다른 죄의 속성은 방탕이다. 방탕은 쾌락을 추구하는 마음을 말한다. 가장 일반적인 쾌락의 수단이 술과 성적인 음란이다. 술을 마시면 기분이 좋아진다. 그러나 술은 뇌의 활동을 둔화시켜 쾌감을 얻기 때문에 기도와는 상극이다. 기도는 정신을 몰두해야 하는데 술을 마신다면 집중을 할 수 없다. 물론 약간 마신다면 큰 상관은 없겠지만 절제하지 못하는 알코올 의존증이나 중독에 가깝다면 기도를 할 수 없다. 술이 아니라 다른 중독들도 쾌락을 추구하는 것이다.

게임이나 포르노, 주식중독이 되었다면 자신의 생각을 지배하고 통제할 수 없는 상황이다. 이미 그들의 노예가 되었다는 증거이다. 이런 사람들은 형식적인 기도는 할 수 있겠지만 깊이 몰입하는 기도는 절대 불가능하다. 음란물에 빠진 사람도 마찬가지이다. 음란에 빠지면 생각을 지배당하고 있기 때문에 기도에 몰입할 수 없다. 그러나 그게 전부가 아니다. 음란은 간음죄를 짓게 한다. 죄를 지으면 죄책감에 시달리게 되고 악령의 공격대상이 된다. 기도는커녕 신앙생활을 포기하고 교회를 떠나는 이들이 부지기수이다. 탐욕과 방탕은 범죄의 빌미가 되어 악령의 포로가 되기 십상이기도 하지만, 먼저 기도를 방해하는 걸림돌이다. 탐욕과 방탕에 사로잡혀 있는 이들은 성령이 내주하는 기도는 불가능하기 때문이다.

성경적인 기도 가이드

53

감정을 격동시키지 않도록 주의하라

◆

기도는 정신노동이다. 그냥 기도가 아니라 성령이 내주하는 기도의 습관을 들이려면 온전히 기도에 몰입하여야 한다. 그렇다면 항상 평정심을 유지하는 게 아주 중요하다. 그러나 세상을 살다 보면 마음을 격동시키는 일이 비일비재하다. 툭하면 화를 내거나 짜증을 달고 사는 사람들은 평안한 마음을 잃고 있다는 증거이다. 분노를 터뜨리면 다시 평정심을 되찾는 데는 적지 않은 시간이 걸린다. 일상생활을 하면 그 사건을 잊어버린 것 같아도 기도를 시작하면 그 당시로 돌아가 분노가 다시 마음을 사로잡는 것을 알 수 있다. 그래서 기도에 집중하기가 힘들다.

긍정적인 생각에 비해 부정적인 생각은 파괴력이 크며 후폭풍도 상당하다. 한 번 화가 나서 싸움을 벌였다면 여러 날 기도가 안 되는 일이 부지기수이다. 여러 날 기도를 하지 못했다면 정상적인 기도모습으로 돌아가는 게 여간 힘든 게 아니다. 필자처럼 오랫동안 기도 습관을 들인 사람조차도 2~3일 기도에 집중이 안 되면 슬럼프 조짐이 보인다. 성령이 내주하는 기도로써 평안한 삶을 유지하고 있다가, 기도를 제대로 하지 못하는 날이 길어지면 삶이 짜증이 나고 우울해지며 마음이 건조하고 냉랭해지기 쉽다. 그런 일을 겪고 나면 마음을 격동시키는 일이 얼마나 기도하는 데 악영향을 끼치는지 깨닫게 된다.

아무리 조심했다고 하더라도 일단 화를 내는 사건이 생기면 적지 않은 시간동안 기도에 집중이 되지 않는다. 그러므로 화를 내고 짜증을 부리는 일이 생기지 않도록 해야 한다. 특히 성마른 성품을 가지고 있다면 더욱 그러하다. 툭하면 분노를 폭발하는 사람들은 사탄의 조종을 받기 쉽다. 화낼 일이 생기면 참아야 하며, 견디기 어렵다면 자리를 피하면서 극단적인 상황을 만들지 말아야 한다. 그리고 즉각 마음속으로 예수 그리스도의 보혈을 의지하는 기도를 반복하는 기도를 하는 게 효과가 좋다. 화를 내고 분노를 폭발하는 것은 자신 안에 있는 죄성이 드러나는 것으로서, 예수 그리스도께서 우리의 죄를 씻기 위해 십자가에서 흘리신 보혈의 능력으로 죄성이 자신을 지배하는 것을 방지하게 한다.

순간적으로 분노를 폭발시키다 보면 사탄의 공격을 받아 큰 싸움이나 범죄를 저지르기 쉬운데 사탄의 공격을 방지하는 데는 십자가의 보혈을 의지하는 기도를 따라갈 것이 없다. 사탄은 화를 자주 내는 사람들의 주변을 배회하면서 순간적으로 생각의 틈을 타서 들어가 조종하려고 한다. 많은 사람들이 분노의 감정을 통제하지 못하고 살인을 저지르는 경우가 이에 해당한다. 나중에 평상심으로 돌아가고 나서 후회하기 일쑤이다. 그러나 한 번 저지른 과오에 대해서는 값비싼 대가를 지불해야 한다. 수많은 부부가 이혼을 하는 경우도 그렇다. 싸우다 보면 감정이 격해져서 넘지 말아야 하는 선을 넘어 폭력을 휘두르다 갈라서게 된다. 어쨌든 욱하는 감정을 절제하지 못하면 기도 습관을 들일 수 없다. 화가 나는 일이

생기면 상대방의 처지를 이해하려고 애쓰고 그도 안 되면 자리를 피하고
마음속으로 성령의 도움을 요청하라. 그게 최선의 방책이다.

의심, 걱정, 염려, 두려움은 기도의 적이다

✦

　분노와 짜증 같은 격정적인 마음의 상태는 시간이 지나면 어느 정도 수 그러들지만 의심, 걱정, 염려, 두려움 같은 부정적인 마음의 상태는 시간 이 지날수록 걷잡을 수 없이 깊어지는 경향이 있어 더욱 위험한 감정이 다. 부정적인 생각은 마음에 자리 잡고 있으면 더욱 증폭되는 경향이 있 다. 그래서 시간이 갈수록 심각해진다. 우울증이 그래서 생겨난다. 처음 에는 단지 부정적인 생각뿐이었지만 그것을 방치하면서 생각을 지배하 게 되어 뿌리 깊은 우울증으로 굳어진 것이다. 우울증이 생겼다면 불면 증, 강박증, 자살충동까지 동반하는 게 일반적으로 아주 위험한 상태이 다. 아시다시피 부정적인 생각은 기도를 방해하는 적이다. 의심이 든다 면 믿음이 흔들리게 되고 걱정과 염려, 두려움이 있다고 해도 믿음을 갉 아먹게 된다. 이러한 부정적인 생각은 파괴력이 커서 방치해 놓으면 거 대한 괴물로 자라 자신을 조종하고 지배하는 것이다.

　그러나 세상을 살다 보면 현실적으로 좋은 일보다 나쁜 일이 더 많고, 희망적인 일보다는 부정적이고 절망적인 일이 더 많지 않은가? 그렇다. 우리가 사는 세상은 그리 희망적으로 보이지 않은 것도 사실이다. 그러나 그런 생각은 세상 사람들이 살아가는 모습에 불과하다. 하나님을 믿는 자녀라면 성경에 기록된 하나님의 약속의 말씀을 붙들고 살아가야 한다. 그 견고한 믿음의 원천이 바로 기도와 말씀에 있으며 기도를 포기하지 않는 한 희망이 남아 있다. 하나 기도를 하지 못하고 있다면 희망도 사라지고 말 것이다. 그러므로 기도를 방해하고 포기하게 하는 의심이나 걱정, 염려, 두려움과 같은 부정적인 생각이 들기가 무섭게 즉각 성령의 도우심을 요청하며 생각에서 뽑아 버려야 한다.

그러나 이런 부정적인 생각은 수시로 들어오기에 늘 경계하고 조심하고 있더라도 어느새 마음속에 잠입하곤 한다. 기도란 이런 부정적인 감정이 마음에 들어오지 못하게 하는 싸움의 연속인 것이다. 그래서 단내 나는 기도훈련이 필요하고 적지 않은 기간이 소요되는 이유이기도 하다. 그럼에도 우리네 교회는 여러 기도회에 참석만을 요청하지, 정작 본질적인 기도훈련에 대해 무지한 것도 사실이다. 교회의 관행에 상관없이 성경에 기록된 기도방식을 몸에 익혀야 능력이 나타나고 열매가 있다. 쉬지 않고 기도하며, 기도할 때마다 간절히 기도하는 영적 습관이 몸에 배야 한다. 그 길만이 기도를 방해하는 온갖 적들과 싸워 승리할 수 있는 길이다.

55

시간을 빼앗는 것들을 정리하라

◆

　필자는 한때 낚시에 많은 시간을 보냈던 적이 있었다. 사업에 실패하고 신앙도 시들고 나니 할 수 있는 일들이 많지 않았다. 그래서 도시 근교의 하천이나 저수지를 찾아가 시간을 때우곤 했다. 그러나 사역을 시작하고 나서는 취미인 낚시가 독이 되었다. 낚시는 많은 시간을 투입해야 하는 일이다. 그래서 시간이 많고 할 일 없는 사람들이 낚시터에 즐비하다. 더구나 물고기는 야행성이라 낚시꾼들은 대부분 밤낚시를 선호한다. 그렇지만 낚시하느라 밤을 꼬박 새우고 나면 그 다음 날은 시체놀이를 해야 한다. 낚시는 정신을 몰입해야 하는 일이라 에너지를 많이 소비하기 때문에 낚시를 한 다음 날은 무척 피곤하다. 따라서 낚시꾼들은 기도에 몰입하기가 어렵다. 둘 중 하나를 포기해야 한다.

　시간을 보내는 일은 컴퓨터 게임도 둘째가라면 서러울 것이다. 컴퓨터 게임은 장소와 시간의 제약이 많은 낚시와 달리 언제 어디서나 쉽게 할 수 있다. 가정마다 PC가 있고 시내에는 PC방이 널려 있다. 그러나 모든 오락의 속성이 그렇듯 일단 시작하고 나면 도끼자루 썩는 줄 모르게 된다. 등산이나 골프 등도 적당히 하면 큰 무리가 없지만 과도하게 몰두하

　　　　　　　　　　　　　　　　성경적인 기도 가이드

다 보면 많은 시간을 빼앗기게 된다. 기도의 사람이 되려면 시간을 빼앗는 일들을 과감하게 정리해야 한다.

오랫동안 이런 취미로 인생의 즐거움을 누리고 있던 사람들이 기도를 한다고 무 자르듯 과감하게 포기할 사람은 거의 없다. 기도의 기쁨과 즐거움을 알아갈 때까지는 많은 시행착오를 거치게 된다. 하지만 미리 격정할 필요는 없다. 성령이 내주하시는 기도를 할 때까지가 어렵지, 성령이 내주하는 기도를 하고 나면 세상이 주던 즐거움이 하찮게 여겨지게 된다. 필자도 즐겨했던 낚시가 기도에 방해된다고 느껴지기 시작한 이후에는 거짓말처럼 낚시를 끊었다. 필자의 아내가 가끔 신기하다고 물어볼 정도이다. 그러나 생각만큼 고민했던 것은 아니다. 기도하는 즐거움이 낚시하는 기쁨보다 더 크다고 생각되면 자연스레 정리하게 된다. 성령이 내주하는 기도를 하는 이들은 세상이 주는 즐거움에 대해 관심이 별로 없다. 그런 기도에 무지했을 때에는 교회에 다녀도 세상 사람들과 진배없이 세상이 주는 즐거움에 탐닉하곤 한다. 그러나 기도를 시작하면 하나님이 주시는 기쁨과 평안함이 얼마나 귀한 일인지 알게 되는 날이 온다. 고민과 고통 속에서 강철 같은 의지를 앞세우지 않더라도 자연스레 하나님과 동행하는 시간이 즐거운 날이 온다.

56

정신적인 에너지를 빼앗는 것들을 멀리하라

◆

등산과 달리 낚시는 정신적인 에너지를 많이 소비하는 취미이다. 등산은 산을 따라 오르락내리락하는 육체적인 노동만을 하지만, 낚시는 정신을 곤두세워 찌의 세밀한 움직임을 지속적으로 지켜봐야 하기 때문이다. 육체적으로 피로한 것보다 정신적인 피로가 훨씬 오래간다. 육체적인 피로는 잠깐의 휴식으로도 회복이 가능하지만 정신적인 피로는 오랜 시간 휴식이 필요하다. 컴퓨터 게임이나 화투놀이 등도 소비한 시간에 비해서 피로감이 오래가는 것도 이 때문이다.

또한 정신적인 에너지를 빼앗는 것들은 대부분 쾌락을 주는 도구들이다. 그래서 이들에게 정신이 팔려 있다면 다른 것들에 몰입할 수 없다. 바둑 마니아라면 기원에 가지 않는 날이라도 틈만 나면 바둑책을 끼고 살며 유선방송에 눈을 떼지 않는다. 컴퓨터 게임도 마찬가지이다. 여기에 정신이 팔려 있다면 다른 것에 집중할 수 없다. 요즈음은 컴퓨터가 없어도 스마트폰으로 얼마든지 온라인 게임을 할 수 있기에 폐해는 더욱 심각하다. TV나 영화도 기도를 못하게 하는 주범이다. 드라마에 빠진 사람은 그 시간이 되면 안절부절 못한다. 이 사람들은 '그 드라마가 끝나면 괜찮아

　　　　　　　　　　　　　　성경적인 기도 가이드

지겠지' 하지만 새로운 드라마가 평생 TV에서 나오게 될 게 분명하다. 영화도 마찬가지이다. 영화를 좋아하는 사람은 군이 영화관에 가지 않더라도 무료나 적은 돈으로 영화를 컴퓨터로 다운 받아 하루 종일 골라 볼 수 있다. 아예 무료로 하루 종일 영화가 나오는 유선방송도 여러 개 있다. 이것들은 시간도 많이 잡아먹지만 정신적인 에너지를 과도하게 소비하게 한다.

기도란 정신노동이다. 육체적으로 피곤하지만 정신이 맑다면 기도 몰입이 잘된다. 그러나 정신적으로 피로해 있다면 집중적인 기도는 물 건너갔다고 보아야 한다. 그중에서도 컴퓨터 게임은 압권이다. 낚시나 바둑과는 달리, 언제 어디서나 접속할 수 있기 때문이다. 공부를 열심히 하는 학생이라면 다른 것에 한눈팔지 않고 공부하게 하는 환경이 필요한 것처럼, 성령과 깊게 교제하며 깊이 몰입하는 기도를 하고 싶다면 정신적인 에너지를 빼앗는 것들을 멀리해야 한다.

많은 사람들이 시간이 없어서 기도하지 못한다고 한다. 교회의 새벽기도회에 나가지 않더라도 일상의 삶에서 얼마든지 기도할 수 있다. 오랜 시간이 아니라도 짧은 시간이나마 느슨한 시간이 있다면 얼마든지 기도할 수 있다. 소리 내지 않고 침묵으로 기도할 수 있기에 장소나 시간에 관계없이 굳은 의지만 있다면 가능한 일이다. 그러나 많은 사람들이 기도하고 싶지만 세상의 즐거움에 빠져 하나님을 찾지 않는다. 밤마다 늦게 눕는 것도 돈 버는 일 때문이 아니라 쾌락을 즐기기 때문이다. 기도를 위해 쾌락을 포기하지 않는다면 하나님을 만나는 일은 실로 요원할 것이다.

술을 멀리하라

◆

우리나라 사람들의 술에 대한 선호도는 대단하다. 술 소비량도 엄청나다는 통계가 나와 있다. 구한말에 들어온 미국의 선교사들은 우리 조상들의 술에 대한 끔찍한 병폐를 깨닫고 교인들의 음주를 엄격하게 금지시켰다. 술에 대한 성경적인 견해가 절대 금주는 아니다. 유럽이나 미국이 그렇듯이, 중동지방의 식습관은 식사 중에 한두 잔의 와인이 곁들여져야 했다. 또한 위장병을 비롯한 다양한 질병에 대한 민간요법으로도 술의 비중은 적지 않았다. 성경도 이를 무시하지 않았다. (딤전 5:23) 이렇듯 낮은 도수의 술을 한두 잔 하는 것은 문제가 없다. 그러나 술에는 중독성이 있어 한두 잔 마시면 더 많은 쾌감을 얻고 싶어진다. 그래서 계속 마시게 되어 알코올 중독자가 되는 것이다. 여기에 대한 성경의 견해는 엄격하다. 술 취하는 자는 상종도 하지 말라고 했다. (고전 5:11) 천국에 들어갈 수 없는 것은 말할 나위 없다.

그렇지만 아쉽게도 우리네 교회에도 술을 즐기는 자들이 적지 않다. 물론 교회 안에서는 쉬쉬 하겠지만 말이다. 술에는 알코올이 들어가 있어 한 잔만 마셔도 정신이 몽롱해진다. 알코올의 도수가 높거나 많은 양의 술을 마신다면 쾌감 역시 늘어난다. 쾌감의 원천은 쾌감을 주는 도파민의 수치가 올라간다는 것이 정설이며 엔도르핀도 생성되기 때문이라는 연구결과도 있다. 그러나 뇌의 마비를 가져와서 정신적인 능력을 떨어뜨린다. 기도란 고도의 정신 집중을 요하는 행위이다. 맨정신으로 기도해도 정신집중을 하기 어려운 판에 알코올이 들어갔다면 기도에 몰입할 수 없다. 기도하지 못하는 사람은 하나님을 만나지 못하는 사람이다. 아무리 성실하게 교회예배에 참석하고 있다고 하더라도 구경꾼에 불과할 뿐이다. 또한 술은 중독성이 있어 틈만 나면 생각나게 된다. 그래서 애주가들은 온갖 변명을 붙여 가며 술을 마신다. 기분이 좋아서 혹은 나빠서, 모임이나 회사의 회식 때문이라는, 술을 마실 수밖에 없는 다양한 이유를 대지만 결과는 항상 술을 마셔야 한다는 것으로 끝난다.

성령이 내주하는 기도를 하고 싶은 사람은 술을 한 방울이라도 입에 대서는 안 된다. 술에 취하는 것을 하나님이 싫어하시는 행위이기도 하지만 적은 양의 알코올이라도 체내에 들어가면 집중력을 떨어뜨려 기도에 몰입할 수 없기 때문이다. 단호하게 술을 끊고 기도하는 굳센 의지를 지닌 사람이라면 좋겠지만, 그런 사람은 보기 드물다. 그렇지만 너무 걱정하지 않아도 된다. 성령이 내주하는 기도를 하게 되면 성령이 술을 마시는 것에 대해 책망을 하시고 깨달음을 주시기 때문에 시간이 지나면 스스로 술을 끊게 된다. 또한 성령이 내주하시게 되면 잔잔한 평안도 함께 오기 때문에 술이 주는 쾌락을 잊게 된다. 물론 적지 않은 시행착오를 동반하겠지만 말이다. 어쨌든 술과 기도는 동반할 수 없다. 서로 상극이기 때문이다. 하나님은 결단력을 보이는 사람을 사랑하신다. 그러나 선택은 자신의 몫이다.

58

말씀을 읽어 가며 기도하라

✦

하나님을 만나는 두 가지 방법을 빼놓고는 다른 수단은 생각할 수 없다. 그러나 기도를 열심히 하는 사람은 말씀을 소홀히 하기 십상이고 성경을 열심히 읽더라도 기도를 등한시하는 이들이 적지 않다. 그러나 성경을 잘 읽지 않고 기도만 열심히 하면 신비주의자가 될 위험성이 높고 기도 없이 성경만 읽는다면 깨달음이 없이 지식만 늘어 교만하여 남을 판단하기 쉽다. 특히 성령이 내주하는 기도 습관을 들이려면 날마다 하나님의 뜻을 깨달아야 하기 때문에 기도와 말씀을 병행해야 한다. 그러나 기도를 열심히 하는 사람 중에도 성경말씀에 무지하기 때문에 하나님의 뜻대로 살지 않고 자신의 의를 드러내거나 악한 영의 조종을 받는 이들도 적지 않다.

하나님은 말씀으로 자신의 존재감을 드러내신다. 말씀이 곧 하나님이시기 때문이다. (요 1:1) 교회 주변에는 소위 예언의 은사를 받아 하나님께서 영음으로 자신에게 말씀해 주신다는 이들을 적지 않게 만나 볼 수 있다. 물론 이 같은 은사에 대해 대부분의 교회에서는 심한 거부감을 보이며 이들의 말을 믿으려 하지 않는 것도 사실이다. 예언의 은사를 받았

성경적인 기도 가이드

다는 사람들 때문에 교회에 분란이 일어나고 시험에 든 경우도 있었으며 목회자의 권위를 넘본다는 불쾌감도 적지 않게 작용했을 것이다. 개중에는 의도적으로 속이는 사악한 거짓 예언자들도 있고 하나님의 말씀을 분별하는 지혜가 없어 자신의 생각과 섞이는 경우도 허다하다. 그래서 그런 빌미를 제공했을 것이다. 성령의 은사는 이미 AD 2세기에 소멸되었다는 학설을 신봉하는 목회자도 있다. 그러나 기도할 때 하나님은 다양한 통로로 말씀해 주신다. 가장 일반적인 통로는 깨달음이며 꿈이나 환상, 예언을 통해서도 말씀해 주신다. 그렇기 때문에 기도할 때는 성경을 깊이 읽고 묵상하는 습관을 병행해야 한다.

그러나 모두가 인정하다시피, 말씀을 읽는 습관을 들이는 일은 실로 어렵다. 오랜 시간 설교를 들어왔거나 과거에 성경을 읽어 내용을 다 알고 있어서 새로운 감동을 얻을 수 없기 때문이다. 그렇더라도 성경을 읽는 습관을 들여야 한다. 처음에는 자신의 의지로 읽어 가더라도 성령이 내주하시게 되면 송이 꿀보다 단 경험을 하는 날이 온다. 성령이 내주하시는 기도를 하게 되면 말씀이 쫀득쫀득하고 달게 느껴진다. 다 아는 말씀이라도 새로운 감동이 온다. 그래서 성경이 자꾸 읽고 싶어진다. 그럴 때가 바로 깨달음이 오기 시작하는 때이다.

성경을 읽으면서 기도해야 비로소 하나님의 뜻을 밝히 깨닫게 되고 하나님이 기뻐하시는 삶을 살게 된다. 그러므로 기도와 말씀은 항상 병행해야 한다. 그러나 영적인 일들이 그렇듯이, 처음에는 자신의 의지로 버텨 내야 한다. 하나님은 참고 견디며 인내하는 것을 믿음으로 여기고 계시기 때문이다. 기도가 하나님을 만나는 통로는 맞지만, 하나님은 자신의 뜻을 오직 말씀으로 드러내시기 때문에 말씀에 해박하지 않고 분명한 깨달음이 없으면 자의적으로 해석하거나 곡해하기 십상이다. 어쨌든 기도를 열심히 하기 이전에 성경을 병행하여 성실하게 읽는 것은 무척이나 중요하다. 이는 나침판과 지도 없이 망망대해를 항해하는 배와 같기 때문이다.

고된 일로 마음이 나뉘지 않도록 하라

성령께서 충주의 영성학교를 열어 주시지 않을 때에는 생업을 하며 사역을 병행했다. 당시에는 사역에 대한 수입이 거의 없기 때문에 아내와 십여 년 동안 화장품 방문판매를 해 왔으며, 아내가 고된 노동으로 힘들어 하자 일하는 시간을 줄여 주는 대신 필자가 낮에 구내식당에서 파트타임으로 일하면서 줄어든 수입을 보충하기도 했다. 말하자면 필자는 가정교회를 맡는 목회와 더불어 아내와 화장품 장사를 하고 따로 구내식당에서 알바를 뛰었으니까 무척이나 바쁘고 고단하게 살았을 것이라고 선입견을 갖는 이들이 있을지 모르겠다.

그러나 실상은 그렇지 않았다. 아내와 함께하는 화장품 생업은 아내를 자동차로 이동해 주는 일만 했고 파트타임 일도 하루에 네 시간만 했다. 그러니까 생업은 하루 예닐곱 시간 남짓이고 노동 강도가 그렇게 심한 일도 아니었다. 필자는 하루에 기도하고 성경을 읽는 시간만 네댓 시간 이상 늘 유지하려고 애쓴다. 아무리 수입이 필요하더라도 몸을 혹사시키지 않으려고 애쓰고 있다. 그렇게 하려면 최저 생계비에 만족해야 한다. 일하는 시간도 많지 않고 허드렛일이기 때문에 수입도 적었다. 그저 최소한의 생계비만 얻으려고 하고 있기 때문이다. 왜냐하면 많은 시간 일을 하거나 노동 강도가 높은 고된 일을 하면 기도할 시간을 낼 수 없거나 겨우 낸다 하더라도 몸이 피곤해져서 기도에 집중할 수 없다.

많은 사람들이 기도하고 싶다고 한다. 그러나 여전히 돈을 버는 일에 과도하게 많은 시간을 투입하고 있기에 몸이 너무 피곤하다. 성경은 탐욕이 있는 자는 천국의 자격이 없다고 반복해서 말하고 있다. 탐욕이란 생계비를 넘는 돈을 벌고자 하는 것을 말한다. 물론 자신의 수입은 여전히 부족하다고 말하겠지만, 이는 하나님의 기준이 아니라 세상 사람들의 잣대이다. 예수님은 일용할 양식만을 요청하라고 하신다. 절제와 자족의 성품을 기르지 않는다면 아무리 많은 수입을 벌어들여도 성에 차지 않을 것이다.

현대를 살아가는 사람들은 너무 욕심이 많다. 크리스천도 예외가 아니다. 돈을 적게 벌더라도 기도할 시간을 내려는 이들은 거의 없다. 영혼이 잘되지 않는다면 육체를 즐겁게 하는 재물이 무슨 소용이 있겠는가? 이 땅을 떠나갈 때는 단 한 푼도 가져갈 수 없다. 예수님은 많은 사람을 접대하려고 바쁜 일을 자청한 마르다의 손을 들어 주지 않고 말씀을 경청하는 쪽을 택한 마리아를 칭찬하셨다. 이렇게 대접하는 일조차 과도하게 한다면 칭찬받지 못하거늘, 돈을 좇는 일에 몸을 혹사하는 것은 책망받기 마땅하다. 기도의 사람이 되려면 최소한의 생계비를 버는 일 외에는 욕망을 내려놓아야 가능하다. 물론 소수의 사람만이 이러한 삶의 방식을 좇겠지만 말이다. 기도의 사람이 된다는 것은 세상 사람들의 삶의 방식을

성경적인 기도 가이드

버려야 하는 일이다. 그들이 말하는 수입의 규모에 동의하지 않아야 한다. 그렇다면 가난하게 살 수밖에 없다. 그렇다고 먹고 입고 살 집이 없는 것은 아니다. 기도의 끈만 놓지 않는다면 하나님께서는 우리가 넉넉히 살아갈 수 있도록 준비해 주신다. 그게 바로 믿음이며, 그것은 기도의 통로를 통해 공급되는 것이다.

60

하나님의 뜻 안에서 기도하라

◆

성경을 읽다 보면 하나님의 뜻이라는 구절이 자주 눈에 띈다. 자신이 세상에 태어난 목적도, 살아가는 방식도 이 범주 안에 들어 있어야 한다. 당연히 기도하는 목적도 이와 다르지 않다. 그렇지만 기도의 내용이 하나님의 뜻에 합당한지 생각하고 기도하는 이들을 찾는 게 쉽지 않다. 기도를 단지 하나님으로부터 자신이 원하는 것을 얻어 내려는 수단으로 여기는 이들이 적지 않다. 결론부터 말하자면 하나님의 뜻에 합당하지 않은 기도는 아무런 응답이 없을 것이다. 아무리 희생적인 기도를 하더라도 자신의 몸만 피곤해질 것이다. 왜냐하면 우리를 만드신 목적이 하나님을 찬양하고 영광을 드리는 것이지, 자신의 욕망을 채우는 데 있지 않기 때문이다.

하나님 뜻 안에서 기도하려면 하나님 뜻에 대해 해박하게 알아야 한다. 아주 당연한 얘기 같지만, 이를 소홀히 하는 이들이 적지 않다. 그렇다면 성경지식은 물론 깨달음도 상당한 경지에 있어야 한다. 그렇기 위해서는 수시로 성경을 읽고 묵상하는 습관을 들여야 하는 것이다. 그러나 그게 전부가 아니다. 아는 것과 행동하는 것은 다르다. 아무리 하나님의 뜻에 대해 해박하더라도 실행에 옮기지 않으면 무용지물이다. 많은 이들이 기도란 하나님으로부터 무엇인가를 얻어 내려는 수단이라고 생각하고 있는 경향이 짙다. 그러나 기도란 하나님과 교제하는 영적인 수단이며 하나님을 기쁘시게 하는 기도를 하려면 하나님 뜻대로 기도해야 가능하다.

그러나 아쉽게도 우리는 하나님의 뜻을 아는 일에 시간과 노력을 투자할 생각이 별로 없는 듯하다. 그 같은 결과는 우리네 교회에서 행하는 가르침과 밀접한 관계가 있다. 우리네 교회에서는 기도하고 성경을 읽고 묵상하는 가르침을 별로 강조하지 않는다. 그보다는 예배의식이나 각종 교육행사의 참석, 전도나 헌금 등에 더욱 관심을 갖고 있다. 하나님을 기쁘시게 하는 기도보다는 교회에서 시행하는 각종 기도회의 참석 여부에 더 관심을 갖고 있으니 안타까운 일이다. 결론부터 말하자면 하나님의 뜻대로 하지 않는 기도는 시간과 노력의 낭비에 불과하다. 하나님의 뜻을 아는 것은 성경지식을 쌓아 두는 것과 다르다. 성경을 수시로 읽고 묵상하면서 그 말씀에 숨겨진 하나님의 뜻에 대해 깨달아 알아나가는 과정이다. 처음에는 다 알고 있는 성경을 읽는 시간이 팍팍하고 무료하지만 성령이 내주하시는 기도를 동반하면 수천 번 읽은 성경이라도 다시 읽으면 마음이 짠하며 말씀이 쫀득쫀득하게 들어온다. 또한 읽은 말씀들이 일상의 삶에서 수시로 생각난다. 그래서 하나님의 뜻을 삶에 적용하는 원동력이 되는 것이다. 다시 돌아와, 기도를 할 때 하나님의 뜻대로 기도해야 하나님이 기뻐하시며 빠른 응답과 문제 해결이 동반된다. 그러나 자신의 욕심을 채우고 자신의 의를 드러내는 기도를 반복하고 있다면 하나님과 상관이 없는 종교적인 신앙인으로 이 땅에 남겨져 있다 지옥으로 가게 될 운명에 처해질 것이다.

61

귀마개와 눈가리개를 활용하라

◆

　예전에 필자는 생업을 하면서 사역을 진행했으므로 전업목회자들에 비해서 밖에 나와 있는 시간이 많았다. 게다가 성경에서 강조하는 기도의 자세는 특정한 기도시간에 교회에서 기도하라는 게 아니라 항상 기도하며 쉬지 않고 기도하는 것을 말하고 있다. 그래서 필자는 시간과 장소에 상관없이 기도하는 습관을 들이려 애썼다. 그러나 조용하고 방해받지 않은 장소에서 기도하는 사람이라면 시끌벅적하고 수시로 기도를 방해받는 곳에서 기도하는 것이 얼마나 어려운 일인지 잘 모를 것이다.

　그러나 선택의 여지가 없었다. 그래서 악전고투하며 나름대로 기도 습관을 들이게 해 준 친구들이 있었으니, 그게 바로 귀마개와 눈가리개이다. 필자는 침묵으로 기도하기 때문에 통성으로 기도하는 사람에 비해 강도 높은 기도집중력을 유지해야 한다. 이는 조용한 장소를 필요로 하기 때문이다. 하지만 시내의 공원이나, 자동차 안 그리고 길거리의 벤치 등은 소음이 굉장하다. 그래서 오랫동안 고민하다 수영장에서 사용하는 귀마개를 사서 사용해 보았더니 효과가 놀라웠다. 소음의 80%를 차단해 주니 시간만 있다면 장소에 상관없이 기도가 가능했다. 실리콘 재질이기에 반영구적으로 사용할 수 있는 장점도 있다. 귀마개는 수영용품점에서 팔기도 하고 인터넷으로 구입해도 된다. 또한 인터넷 쇼핑몰에 가면 발포성 소재로 된 다양한 귀마개를 저렴한 가격에 살 수 있다. 처음 사용할 때는 이물감으로 답답한 느낌이 들기도 한다. 그러나 시간이 지나면 괜찮아진다. 지금은 습관이 들어 웬만한 소리에는 끄떡없는 내공(?)을 지녔기에 예전에 비해 사용 빈도가 현격하게 줄어들기는 했지만, 기도 초창기 몇 년 동안은 정말 전가의 보도처럼 즐겨 사용했다. 지금도 일반 소음이 아니라 말소리 소음에는 신경이 쓰여 사용하고 있음은 물론이다. 그래서 필자는 집이나 교회 등 어느 곳에나 넉넉하게 두고 사용한다. 늘 휴대하는 가방에도 들어 있다.

초창기에는 야간에도 일을 하곤 했다. 그래서 시내에 자동차 안에서 기도하면 시내를 오가는 자동차 헤드라이트의 불빛에 눈이 부셔 기도를 방해받곤 했다. 그래서 이도 고민하던 중에 수면용 안대를 구해 사용했더니 참 좋았다. 버스나 기차를 타고 여행할 때도 이를 사용하고 기도하면 집중이 잘된다. 수면용 안대는 약국이나 기차역 편의점, 인터넷에서 구입하면 된다. 오래 사용하면 안대 뒤의 고무줄이 늘어져 헐거워지는 단점이 있는데, 늘어지면 수선 집에 가서 굵은 고무줄로 교체해서 사용하면 오래 쓸 수 있다. 이 도구의 장점은 뭐니 뭐니 해도 시끄러운 도심이나 소음에 노출되는 자동차 안에서 기도하기에 안성맞춤이라는 것이다.

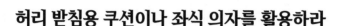

허리 받침용 쿠션이나 좌식 의자를 활용하라

◆

어떤 사람은 기도를 할 때마다 무릎을 꿇고 기도한다고 한다. 또 어떤 사람은 손을 높이 들고 기도한다고 한다. 무릎을 꿇고 기도하거나 손을 들고 기도하면 더욱 경건한 기도를 할 수 있을 것이다. 그렇지만 한 시간 이상 기도한다면 이런 자세를 지속적으로 유지할 수 없을 게 분명하다. 필자처럼 다리에 살이 많은 사람이라면 무릎을 꿇은 자세로 시간이 조금만 경과해도 다리가 저려 고문이 따로 없을 지경이다. 성령과 깊게 몰입하는 기도를 하려면 방해받지 않은 장소에서 한 시간 이상 기도해야 한다. 그렇다면 오랫동안 기도를 할 수 있는 도구들이 필요하다.

필자는 중년의 나이에도 청년들과 무리를 해서 농구를 해 온 관계로 허리가 많이 약해져서 어디에 가서 앉을 때면 꼭 허리를 받칠 곳을 찾는다. 기도할 때는 더더욱 그렇다. 오랫동안 기도하기를 원한다면 편안한 자세를 유지해야 한다. 그래서 필자는 서재에서 기도할 때는 좌식 의자에 앉아 기도한다. 좌식 의자도 체형에 따라 맞출 수 있도록 유연한 것도 있고 등받이가 고정되어 있는 것도 있어서 다양하게 선택할 수 있다. 물론 이런 도구가 없이도 오랫동안 평안하게 기도할 수 있는 사람들은 필요 없겠지만 대부분의 사람들은 이러한 도구가 필요할 것이다. 좌식 의자는 가구점보다 인터넷 쇼핑몰에서 저렴하게 구입할 수 있으며 허리 받침용 쿠션이나 베게도 다양하게 나와 있어 기호에 맞추어 구입해서 사용하면 된다. 불가에서 참선할 때 쓰는 장좌불와(長座不臥)라는 말이 있다. 오랫동안 자리에 앉은, 눕거나 기대지 않는 자세를 말한다고 한다. 기대고 앉거나 누우면 정신집중에 방해되어 그런 자세를 강조하는지 모르겠다. 그러나 필자의 경험에 의하면 편안한 자세라고 집중에 방해된다고 생각하지 않는다. 어쩌면 불편한 자세라면 기도의 몰입에 방해될 수 있다. 물론 길게 앉아 있다 보면 자연스레 누워 자게 되는 것은 금물이겠지만, 평안한 자세로 기도해야 오랫동안 깊게 몰입할 수 있다. 물론 필자의 방법보다 더 좋은 방법도 있을 것이다. 개인마다 취향도 다르고 선호하는 것도 다르니까 자신에게 맞는 도구를 이용하면 금상첨화겠다.

63

두툼한 방석을 이용하라

✦

불가에서 승려들이 사용하는 방석은 크기나 두께가 엄청나다. 차가운 마룻바닥에서 염불을 하거나 참선을 하다 보니 그런 게 필요했을 것이다. 필자도 오랫동안 한 자리에서 기도하다 보니 다리도 아프고 여러 가지로 불편했다. 처음에는 일반 가정집에서 사용하는 방석에 앉아 기도하다 보니 그랬을 것이다. 그래서 다음부터는 큰 방석에 두툼하게 솜을 넣고 그 위에 앉아서 기도해 보니, 처음보다 편안한 게 아주 좋았다. 그 뒤로는 그 큰 방석을 교회와 서재에 두고 기도할 때마다 사용하였다. 처음 몇 년 동안은 좋았는데 세월이 흐르다 보니 솜이 가라앉는 불편함이 있어서 기도원이나 교회에서 사용하는 압축 스펀지가 들어간 비닐소재 방석으로 바꾸었더니 더욱 좋았다. 인터넷 쇼핑몰을 통해 구입하면 소량이라도 얼마든지 구입할 수 있다고 한다. 가격도 그렇게 비싼 편이 아니다.

또한 오랫동안 앉아서 기도하다 보면 피가 아래로 쏠리고 피부에 상처가 나서 항문 주위가 가렵고 피가 나기도 한다. 그럴 때는 임산부들이 앉는 중간에 동그랗게 구멍이 파인 방석을 이용하기를 권한다. 인터넷에 임산부 방석을 검색하면 많이 나온다. 필자도 오랫동안 이 문제로 고생하여 후시딘 연고를 발랐지만 근본적인 해결이 되지 않았다. 그러다가 도넛처럼 가운데 구멍이 난 방석을 이용해서 말끔하게 해결하였고 영성학교의 많은 식구들도 이 방석을 이용하고 있다. 이처럼 필자가 오랫동안 평안한 자세를 유지할 수 있는 도구들을 이용하라고 하는 것은 성령에 몰입되는 기도는 적지 않은 시간동안 기도하는 습관을 들여야 하기 때문이다. 기도에 집중이 안 되면 다리도 아프고 자세도 불편해진다. 특히 다리나 허리가 아프면 더욱 그렇다. 그래서 이런 도구들을 철저하게 준비해서 기도해야 오랜 기도에도 불편하지 않다.

64

가족들의 도움을 요청하라

◆

기도를 방해하는 세력은 누구일까? 물론 악한 영일 것이다. 그렇지만 악한 영이 기괴한 모습으로 나타나 기도를 못 하게 하는 경우는 없다. 이런저런 이유로 기도를 방해하고 중도에 포기하게 만든다. 아시다시피 영성학교에서는 성령이 내주하는 기도훈련을 하고 있다. 적지 않은 사람들이 기도훈련을 시작하였지만 삶의 지난한 문제를 해결하며 기도응답을 받고 성령이 내주하는 기도의 습관을 들인 사람들은 많지 않다. 문제가 해결되었지만 기도 습관을 들이는 것을 원하지 않은 사람들도 있었고 기도훈련을 며칠 시작해 보다 아예 그만둔 이들도 많았다.

부부가 같이 하는 경우에는 배우자 어느 한쪽의 반대로 그만두는 경우가 허다했다. 어느 젊은이는 자영업을 시작하고 나서 어려움에 봉착하자 기도훈련을 결심하고 시작하였는데 아기를 하루 종일 돌보면서 짜증난 아내가 가게 문을 닫고 일찍 집에 와서 아이를 보라는 성화에 결국 그만두었다. 어느 중년 부부는 신앙훈련이 되지 않은 남편이 기도 훈련 받는 것을 힘들어해서 그만두겠다고 하자 아내가 집에서 남편과 같이하겠다는 이유를 들며 중도에 포기했다. 모두 나름대로 이유가 있었지만 배우자 어느 한쪽이 기도를 방해한 모양이 되었다. 사정이 이렇다 보니 집에서 혼자 기도하는 것도 만만치 않은 일이 틀림없다. 그러므로 집에서 기도를 결심하였다면 식구들의 도움을 간절하게 요청해야 한다.

집에서 기도를 가장 많이 방해하는 것은 TV로 인한 소음이다. TV를 틀어 놓았다면 소음으로 인해 기도에 집중할 수 없는 것은 물론이며 어느 아내는 TV 프로그램이 재미있다면서 기도하는 남편을 불러 대기도 한다. 집안에서의 생활소음을 완벽하게 막는 일은 실로 어렵다. 다른 가족들도 나름대로 하고 싶은 일이 있기 때문이다. 그래서 집에서 기도할 때는 가족들이 다 자고 난 깊은 밤이나 새벽에 기도하는 것이 가장 좋고, 아니라면 가족들 간의 시끄러운 대화나 TV 시청을 자제해 줄 것을 요청해야 할 것이다.

세탁기나 청소기, 컴퓨터 등의 가전제품으로 인한 소음은 귀마개를 하면 어느 정도 막을 수 있다. 물론 처음에는 갑갑하기도 하지만 시간이 지나가면 적응이 되어 괜찮다. 필자는 몇 년 동안 소음이 있는 데서 기도할 때는 수영용 귀마개를 이용하여 소음을 차단했는데 지금은 기도에 집중하는 능력이 많이 향상되어서 그냥 기도한다. 처음에는 소음이 기도를 방해하지만 본격적으로 기도에 들어가면 소리가 들리지 않는다. 여하튼 집에서 기도하려면 소음의 자제를 위해 가족들의 동의를 얻는 일이 중요하다. 예전에 필자는 노모와 같이 살고 있었는데 노모는 TV 시청을 즐기는 편이었다. 그렇지만 필자가 서재에서 기도하는 시간만큼은 거실에 있는 TV를 켜지 않았다. 필자의 요청 때문이었다. 이처럼 기도하는 시간만큼은 가족들이 조용히 하거나 기도를 방해하는 어떤 행동도 자제해 줄 것을 강력하게 요청해 두어야 한다.

잠자리에서 일어나면 가장 먼저 기도하라

✦

기도하기 가장 좋은 시간은 언제일까? 사람마다 조금씩 다르겠지만 가장 좋은 시간이 잠자리에 일어난 직후라는 것이 사람들의 공통된 견해일 것이다. 왜냐하면 아침 이른 시간은 아직 깨지 않은 가족들의 방해를 받지 않는 시간이며 다른 생각들이 들어오기 전이라 머리가 텅 비어 있기 때문이다. 그래서 사람들은 교회에서의 새벽기도회에 참석을 결심하지만 충분히 기도할 시간이 부족하다면 집에서 기도하는 것도 좋은 방법이다. 하나님은 장소나 시간에 관계없이 기도하기를 원하신다. 교회에서만 기도하는 것만 좋아한다면 삶의 현장에서 항상 기도하는 능력을 배울 수 없을 것이다. 새벽기도회에 나가서 한 시간 이상을 기도하기 어렵다면 차라리 집에서 한 시간 기도할 수 있는 시간을 내는 것이 더 좋다. 물론 대부분의 목회자들은 필자의 의견에 반대하겠지만 말이다. 어차피 기도는 하나님께 하는 것이다. 하나님은 시간과 공간을 초월하여 만날 수 있다.

앞에서도 언급했지만 필자는 아침에 일어나면 샤워를 하고 서재에 들어가 기도를 시작한다. 오랜 습관이 되었기 때문에 장소에 상관없이 그렇게 한다. 여름휴가로 친척집에 가서도 동일하다. 잠이 깬 직후에 기도할 수 없다면 낮 시간에 삶의 현장에서 기도할 수 있는 시간을 내는 것은 더욱 어렵. 아침 일찍 일어나자마자 출근해야 하는 많은 사람들은 바빠서 시간을 내지 못한다고 할 것이다. 그러므로 출근준비를 할 수 있는 한 시간 전에 일어나야 한다. 그렇다면 평소보다 한 시간 일찍 잠들어야 한다는 결론이 날 것이다. 아침에 기도하려면 다른 시간을 희생해야 한다. 어쨌든 기도하기에 가장 좋은 시간은 잠자리에서 일어난 직후이며 잠에서 깬 다음에 기도하는 것이다. 개중에는 자신은 아침형 인간이 아니라 아침 시간에 도저히 졸려서 정신집중을 할 수 없다고 호소하는 사람도 간혹 있다. 그러면서 자신은 밤늦게까지 정신이 말짱하다고 한다. 그런 사람은 밤에 하는 게 맞을 것이다. 그러나 대부분의 사람들은 하루 종일 고된 노동에 시달려 밤늦게 기도하는 게 더 어려울 것이 분명하다.

66

잠들기 전 고요한 시간에 기도하려고 애써라

성령 충만을 유지하기 위한 기도시간은 하루에 얼마나 해야 할까? 필자의 체험에 의하면 최소한 하루에 두 시간 이상이다. 적어도 아침에 한 시간 그리고 밤에 한 시간은 기본이다. 한꺼번에 많은 시간을 기도하는 것보다 나누어서 기도하는 것이 훨씬 효과가 좋다. 성령이 내주하는 기도는 기도할 때보다 기도하고 나서 충만한 상태를 유지하는 것에 초점을 맞추어야 한다. 성령이 내주하는 상태는 기도가 끝나고 나서 삶의 현장에서도 늘 하나님 생각이 떠오르고 말씀이 생각나며, 자신도 모르게 찬양을 읊조리고 영으로 기도하게 된다. 그렇지만 많은 크리스천들은 그런 기도를 하지 않는다. 그냥 기도하는 시간에 자신이 요구하는 목록을 경쟁하듯 큰 소리로 내놓는 것이 전부인 이들이 많다. 그런 기도는 성령과 교제하는 기도가 아니다. 기도하는 시간이 아닌, 일상의 삶에서 성령이 내주하는 상태를 유지하려면 아침과 밤, 최소한 두 번 성령과 깊게 교제를 나누는 기도시간이 필요하다. 거기에다 낮 시간에도 할 수 있다면 금상첨화이다. 그러나 아시다시피, 현대를 살아가는 이 세대는 아침 일찍 일어나 전쟁하듯 출근 준비를 하고 출근하여 파김치가 된 몸으로 밤늦은 시간에 퇴근하여 쓰러지듯 잠자리에 들곤 한다. 이런 이들에게 성령과 깊게 교제하는 기도시간을 내는 것은 불가능해 보인다. 그래서 기도를 전쟁이라고 표현하는 이유이다. 세상과 세상의 것을 추구하는, 세속적인 육체의 욕망을 채우는 삶과 하나님이 원하시는 영적인 삶과의 치열한 영적 전쟁이다. 이 전쟁은 매일 기도라는 전투로 나타나게 되는 것이다. 기도를 하지 않는 크리스천은 영적 싸움에서 진 상태이며, 기도의 습관을 들이려고 애쓰는 이들은 영생의 고지를 향한 치열한 전투 중이며 날마다 성령과 깊게 교제하는 영적 기도 습관을 들인 이들은 전투에서 승리한 이들이다. 이 기준에 따르면 천국에 들어갈 수 있는 영적인 습관을 들인 이들이 많지 않다. 성령과 사귐이 있는 기도를 하는 자라야만이 영생을 얻을 수 있다. 예수님이 니고데모에게, 물과 성령으로 다시 태어나야 천국에 들어갈 수 있다고 하신 이유이다. 성령으로 다시 태어나려면 성령과 깊게 사귀는 기도 습관이 필수적이다. 생명으로 인도하는 문은 좁고 그 길은 협착하여 적은 사람만이 그 길을 간다고 하셨지만, 사람들은 그 말씀을 들을 귀가 없다. 형식적이고 희생적인 신앙생활을 반복하면서 천국의 자격을 의심하지 않는다.

일어나자마자 출근하느라 바쁜 사람이라면 잠자리에 들기 전에 고요한 시간을 내어 기도해야 한다. 기도란 신앙인의 선택조건이 아니라 필수조건이다. 많은 크리스천들이 삶에 힘이 없고 신앙에 능력이 없는 이유도 성령과 깊게 교제하는 기도 습관을 들이지 못해서이다. 잠자리에 들기 전에 적어도 한 시간 이상 성령과 깊게 교제하는 기도를 해 보라. 새벽기도회에 의무적으로 참석하거나 교회에서 정한 기도회에 참석하는 것만으로 만족하는 이들은 바리새인과 서기관 같은 종교적인 신앙인들이다. 이들은 남이 보는 데서 기도하는 것을 즐기고 자신의 신앙 행위를 다른 사람들이 알아주는 것으로 만족한다. 그러나 정작 하나님과 상관없는 기도라면 아무런 의미가 없을 것이다. 아쉽게도 그런 이들이 우리 주변에 적지 않다.

성경적인 기도 가이드

67

그냥 기도와 능력 있는 기도는 다르다

✦

　예수님은 "성령이 너희에게 임하시면 권능을 받아 온 유대와 사마리아와 땅 끝까지 이르러 내 증인이 된다" (행 1:8)라고 말씀하셨다. 예수님의 증인의 삶을 살려면 그냥 교회에 오기만 하면 되는 것이 아니라, 먼저 성령이 내주하시는 영적 습관을 통해 성령의 능력을 받아야 하는 것이 아주 중요하다. 그러나 아쉽게도 우리는 이 말씀을 간과하기 일쑤이며 성령의 능력이라는 것에 대해서도 의구심을 갖고 대하기 십상이다. 성령의 능력을 강조하는 사람들을 비성경적인 신비주의자로 몰아세우기도 한다. 이런 현상은 성령의 능력을 체험하지 못하였기 때문일 것이다.

　성령의 능력이란 말을 성경에서 보기는 하였지만 삶의 현장에서 직접 체험하지 못했기에 그런 말을 강조하는 사람들을 이단종파 사람으로 여기기도 한다. 물론 거짓 예언이나 거짓 귀신축출, 거짓 치유하는 이들에게서 얻은 부정적인 학습효과도 적지 않은 영향을 미쳤을 것이다. 그렇지만 이들에게서 속아 넘어간 것도 진짜 성령의 능력을 알지 못하기에 그런 것일 게다. 그래서 교회에서는 성령의 능력을 말하는 자들을 아예 처음부터 거부하고 듣지 말라는 교육을 하기도 한다. 그러나 이 같은 행위는 빈대가 귀찮아 초가집을 태우는 것과 같다.

　많은 크리스천들이 그냥 기도와 능력 있는 기도를 구별하지 못한다. 그냥 열심히 기도하면 됐지 다른 무엇이 필요하냐는 투이다. 그러나 성경은 의인의 간구는 역사하는 힘이 크다고 (약 5:16) 하였다. 의인이 누구인가? 하나님께서 의롭다고 여긴 사람이다. 즉 하나님께서 기뻐하시는 이들에게는 보통 사람과는 달리 기도응답이 빠르다는 증거이다. 능력 있는 기도란 성령이 내주하셔서 드러나는 기도를 말한다. 성경에는 믿는 자들이라면 귀신을 쫓아낼 수 있다고 있다고 하였지만 (막 16:16) 이를 현실로 증명할 수 있는 사람은 극히 소수이다. 병든 사람에게 손을 얹어 기도하면 즉시 낫는다고 하였지만 이 역시 마찬가지이다. (막 16:17) 이는 기도를 하지 않아서가 아니라 능력 있는 기도를 하지 못하기 때문이다. 능력 있는 기도의 원천은 성령이 내주하시는 기도이다. (행 1:8)

　그러나 안타깝게도 우리네 주변에는 경건의 모양은 있으나 경건의 능력을 부인하는 자들이 적지 않다. 바울은 이들에게서 돌아서라고 경고하고 있다. (딤후 3:5) 하나님의 나라는 말에 있는 것이 아니라 능력에 있다는 말을 덧붙이기도 했다. (고전 4:20) 능력 있는 기도를 할 수 있어야 빠른 기도응답과 탁월한 문제 해결뿐 아니라 성령의 다양한 은사를 받아 하나님의 도구로써 귀한 사역을 감당할 수 있다. 형통하고 평안한 삶은 덤으로 얻어지는 축복이기도 하다. 성령이 내주하는 기도는 희생적으로 기도해야 얻어지는 것이 아니라 성경에 기록한 하나님의 방식대로 기도해야 한다. 간절히 기도하고 전심으로 기도해야 한다. 삶의 현장에서 쉼 없는 기도의 습관을 들여야 한다. 쉽게 오는 것은 아니다. 적지 않은 시간과 노력이 들기는 하지만, 삶의 우선순위에 기도를 둔다면 누구나 할 수 있다. 그렇지만 하나님의 나라에 관심이 없고 성령과 교제하는 기도에 대해 무지한 크리스천이라면 그림의 떡일 수밖에 없다.

68

기도를 군인정신으로 하지 말라

✦

우리네 교회는 기도를 무슨 군인정신으로 무장한 병사로 비유한다. 그래서 40일 작정 새벽기도, 일천번제기도회는 예사이다. 아예 기도원에 올라가면 금식기도는 기본이고 기도할 때마다 두둑한 헌금봉투를 곁들이면 빠른 응답이 온다고 은근한 압박을 가한다. 마치 기도응답이 부자 아버지에게 유산을 받아 내려고 억지를 쓰는 불량한 아들이 생각나는 이유이기도 하다. 그러나 교회나 기도원의 관행이 어떻더라도 성경적이 아니라면 아무 소용이 없다. 성경에서 요구하는 기도의 태도는 일상의 삶에서 쉬지 않고 기도하는 데 있지, 무슨 특정한 기도회를 희생적으로 참여하는 데 있지 않다. 교회에서 하는 새벽기도회에 참석하는 것은 좋은 습관이다. 그러나 예수님은 새벽기도회뿐 아니라 일상의 삶에서 항상 기도하라고 하셨다. (눅 18:1) 금식기도를 한다고 응답이 더 빨리 온다는 애기도 없다. 사실 성경은 희생의 강도를 높인 기도보다 하나님의 뜻을 행하는 게 기뻐하는 금식기도라고 하셨다. (사 58:6) 그런데 헌금봉투를 덧붙인다면 응답이 빨리 올 거라고? 하나님은 돈을 좋아하시는 분이 아니라, 당신의 뜻을 행하는 것을 더욱 기뻐하신다. 그렇다면 기도 때마다 두둑한 헌금봉투를 드리는 것보다 기도하는 내용이 하나님의 뜻에 더 합당한지 더 살펴보아야 하지 않겠는가?

군인정신으로 기도하라는 것은 희생의 강도를 더하라는 뜻이 내포되어 있다. 그러한 투의 말은 백일기도나 천일기도 혹은 낮에 기도하는 것보다 새벽에 기도하거나 밤을 새워 기도하는 행위 등의 희생을 더하는 기도가 그냥 기도하는 것보다 하늘이 감동해서 응답이 빨리 내려온다는, 우리네 기복적인 민간 신앙관과 정서가 맞물려 있다. 그래서 그럴듯해 보이기도 한다. 그렇지만 성경에 기록된 하나님의 뜻만이 능력이 있다. 하나님은 자신의 종으로 하여금 성경에 기록하게 하시고 당신의 백성들에게 밝히셨다. 그래서 성경말씀이 곧 하나님이라고 하신 이유이다. 하나님은 성경말씀을 통해 자신의 존재감을 드러내신다. 그러므로 성경에 기록된 하나님의 방식이 아니라면 아무런 가치 없는 쓰레기이다. 그러나 어찌된 일인지, 우리네 교회의 주변에는 성경에 기록된 하나님의 방식보다 근본을 알 수 없는 기괴한 관행들이 더 판치는지 알 수가 없다. 군인정신을 받들어 희생의 강도를 더해 기도하는 것은 세상의 지혜일 뿐이며 인간적인 생각일 뿐이다. 기도는 적을 패퇴시켜 승리를 쟁취하는 전투 행위가 아니라 성령과 깊고 친밀하게 사귀는 영적 통로이다. 하나님과 사귐을 통해 그분의 뜻을 깨닫고 그분이 기뻐하시는 삶으로 우리를 인도하는 방식이기도 하다. 세상에서 성공하고 부를 이루기 위한 희생적인 종교 행위가 아니다.

자동차 공간을 활용하라

◆

필자가 가장 많이 기도하는 장소는 서재이다. 그러나 그에 못지않게 기도하는 장소가 있다. 그곳이 바로 자동차 안이다. 예전에는 목회로 인한 수입이 없어 아내와 화장품 방문판매를 하며 생계비를 벌어야 했다. 그래서 오전에는 집에서 기도하고 성경을 읽으며 책을 쓰고 상담을 하며 사역을 하다가 오후가 되면 아침 겸 점심을 먹고 장사를 하러 시내로 나갔다. 그러다가 저녁시간에 일과를 마치고 교회로 돌아가 저녁식사를 하고 휴식을 취하다가 기도를 하고 자정이 넘으면 집으로 되돌아가곤 했다. 그러다 보니 자동차 안에서 있는 시간이 많았다. 또한 사무실이나 가게에서 장사를 하는 게 아니기 때문에 방해받지 않고 기도할 수 있는 공간이 없었기에 자동차는 기도와 휴식을 취하기에 최적의 장소였다.

지금은 대부분의 성인들이 자동차를 소유하고 있는 시대이다. 그래서 직장이나 자영업을 하더라도 시간만 나면 얼마든지 방해받지 않고 기도할 수 있는 공간으로 자동차를 활용할 수 있다. 그러나 생각만큼 쉬운 것은 아니다. 창문을 꼭꼭 닫았다고 하더라도 소음에서 자유롭지 못하며 겨울에는 춥고 여름에는 덥다. 그래서 여름이면 무덥기에 시원한 그늘을 찾아 주차하고 창문을 열어 놓고는 수영용 귀마개를 끼고 기도를 시도했다. 겨울이면 차 안이 아주 춥기 때문에 두툼한 잠바를 비치해 놓고 무릎을 덮고 추위와 싸워 가며 기도하곤 했다. 밤이 되면 영하로 떨어져도 달리 기도할 수 있는 공간을 찾기 어려웠기 때문에 참고 견디며 기도와의 싸움을 했다. 물론 자동차의 에어컨이나 히터를 이용하면 그렇게 하지 않아도 되었겠지만, 당시는 수입이 부족해서 자동차를 오랫동안 공회전시키면서 휘발유를 사용할 재정적인 여유가 없었다. 그러나 지금 생각하면, 그런 기도의 시간이 있었기에 하나님과 깊고 친밀한 관계를 유지할 수 있었다.

많은 크리스천들은 새벽에 20~30분 남짓 기도해도 열심히 기도하고 있다는 위안을 삼고 있기에 기도공간을 찾아다니며 기도하려는 사람들의 심정을 이해하지 못한다. 기도할 수 있는 장소가 없어서가 아니라 돈 벌고 노는 일에 바빠 기도할 생각을 내지 못하고 있기 때문이다. 그렇기에 성령과 깊게 교제하는 기도의 기쁨을 알지 못하고 성경에서 약속한 기도의 능력을 얻어 내지 못하고 있는 것도 사실이다. 성령과 사귐이 없는 기도나 종교 행위로는 천국에 들어갈 수 없다. 성령으로 새롭게 태어나지 않으면 하나님을 볼 수 없다고 하신 예수님이 말씀 (요 3:5)을 곱씹어 보라. 천국에 들어가는 길은 쉬운 게 아니다. 형식적이고 희생적인 신앙 행위가 아니라 성령의 열매를 맺어야 가능하다. 성령의 열매는 우리가 예수그리스도 안에 거하고 예수 그리스도의 영이 우리 안에 살아계셔서 신앙과 삶을 인도하셔야 가능하다. 그러한 능력이 바로 쉼 없는 기도에서 비롯된다. 그렇기에 낮에도 시간이 나면 기도할 장소를 찾아다니며 기도해야 한다. 그렇게 생각해 보면 자동차는 이동수단만이 아니라 방해받지 않고 기도할 수 있는 조용한 공간을 제공해 주는 최적의 장소이다. 언제 어디서나 우리 곁에 있으니 이보다 더 좋은 장소가 또 어디 있겠는가?

성경적인 기도 가이드

침대에 앉아 기도하지 말라

✦

　집에서 공부가 잘 안 되어 독서실이나 학교에 가야만 공부가 된다는 학생이 있다. 집에서는 기도가 잘 안 되어 교회에 가야만 기도가 잘된다는 사람들도 적지 않다. 그렇게 생각하는 것도 이해가 간다. 집에서는 자신을 관리하기 어렵기 때문이다. 집에서 기도를 하다 보면 밀린 집안일도 떠오르며 배고프면 식사도 할 수 있으며 졸리면 잠을 자거나 갑자기 TV를 보고 싶은 유혹에 빠질 수도 있다. 그러나 교회에서는 그런 환경이 아니기에 오직 기도에 집중할 수 있다. 그러나 아쉽게도 우리는 교회에서 하루 종일 사는 것이 아니기에 가장 많은 시간을 보내는 집에서 기도할 수 있는 습관을 들여야 한다. 누구나 자신을 관리하고 통제하는 것이 가장 어렵다. 집에서는 감독하는 사람도 없고 지켜보는 이들도 없기에 오직 자신만이 자신을 통제해야 한다.

　필자는 잠에서 깨자마자 샤워를 하고 서재에 가서 기도를 시작하기에 그런 유혹이 없지만 아내가 처음 기도를 시작할 때 침실에서 기도하기 때문에 잠의 유혹을 이기는 못하는 일이 허다했다. 아침에 일어나도 잠이 확 깨는 사람은 없다. 침대를 벗어나 다른 일을 해야 잠이 달아난다. 예전에 노모와 같이 살던 때에 아내는 잠에서 깨면 침대에서 그냥 기도를 시작했다. 그러다 보니 기도하다 말고 도로 잠에 빠지는 일이 빈번했다. 그렇다고 거실에 나와 기도하는 것도 거부했다. 노모가 이른 새벽에 일어나 운동을 다니기에 마주치고 싶지 않았기 때문이다. 그래서 침실에서 기도해야 했지만 침대를 벗어나지 않았기에 잠의 유혹에서 벗어나지 못했다. 그래서 필자는 아내에게 침대 밑에 방석을 깔고 기도하라는 권면을 했다. 겨울이면 차가워진 방바닥은 정신이 확 깨우는 역할도 했다. 그 이후 시행착오는 있었지만 아내는 침실 바닥에서 기도하는 습관을 들였다. 이렇듯 작은 습관이 기도의 승패를 좌우하기도 한다. 누구나 침대에 있으면 눕고 싶은 유혹을 이길 수 없기에 침대에서 기도하는 버릇을 버려야 한다. 기도란 정신노동이기 때문에 오랜 시간 집중할 수 있는 환경을 만드는 것이 중요하다. 교회에서는 하루 종일 쉬지 않는 기도를 실행할 수 없기에 힘들더라도 집에서 기도하는 습관을 들여야 한다. 그렇다면 침대에서 기도하는 최악의 습관은 하루빨리 버려야 할 것이다.

성경적인 기도 가이드

71

형식적인 기도를 하지 말라

✦

　기도란 하나님의 얼굴을 뵙는 것이다. 성령과 깊고 친밀하게 교제하는 통로이다. 즉 성령과 사귐이 없는 기도는 죽은 기도인 셈이다. 그렇지만 우리 주변에는 성령과 교제하지 않는 기도를 하는 이들이 허다하다. 말하자면 형식적인 기도를 한다. 형식적인 기도란 하나님과 교제를 하며 기도하는 게 아니라 일방적으로 통보하는 기도를 말한다. 형식적인 기도는 자신이 원하는 목록을 단숨에 읊는 것으로 끝난다. 이런 기도의 내용은 하나님이 원하시는 뜻이 아니라 자신이 얻고 싶어 하는 목록이 대부분이다. 세상에서 잘되고 부유하게 되며 사업이 성공하고 자녀가 명문대학에 들어가고 남편이 승진하며 건강하게 되는 것 등이다. 다양한 이름의 기도회는 열심히 열리지만 하나님이 원하시는 기도를 가르치지 않는 교회에서 이런 일이 빈번하다. 이런 기도가 형식적인 기도가 되는 이유는 하나님이 듣지 않는 기도이기 때문이다. 이런 기도를 하는 사람들은 성령이 내주하는 기도에 무지하며 성령이 임하는 상태에 대해서도 알려고 하지 않는다. 그들은 희생의 강도를 높여서라도 자신의 소원이 이루어지는 데에만 관심이 있다. 그렇기에 일방적인 기도가 되는 이유이기도 하다.

어떤 이는 자신이 지어낸 방언을 주야장천 반복하다가 끝낸다. 아마 처음에는 성령이 임하시는 증거로 방언을 받았을지도 모른다. 그러나 더 이상 성령이 임하시지 않는 데도 이미 귀에 익숙해진 음절을 스스로 지어내는 데에는 문제가 없다. 그랬기에 기도시간만 되면 짧은 음절을 반복하는 기도를 방언기도라고 생각해서 내뱉는 것이다. 성령이 주시는 방언은 지속적으로 업데이트 되며 새로운 방언을 주신다. 또한 기도를 시작하자마자 방언이 터지는 것이 아니다. 기도가 깊게 들어가 성령과 친밀하게 교제하게 되어야만 비로소 자신도 모르게 방언이 나오게 된다. 그러나 자신이 지어낸 방언기도를 하는 이들은 기도를 시작하자마자 내뱉기 시작한다. 그런 기도를 하는 사람들은 하나님과의 교제가 아니라 자기를 만족시키는 기도에 불과하다. 아마 다른 사람에게 자신의 방언기도를 자랑하고 보여 주고 싶은 의도도 들어가 있을 것이다. 의도가 무엇이든 간에 성령과 교제하지 않는 기도는 일방통로에 불과하다. 그렇지만 아쉽게도 성경적인 기도를 가르치지 않는 교회가 적지 않아 자신의 기도가 무엇이 잘못된지 모른 채 형식적인 기도를 반복하고 있다.

성경적인 기도 가이드

72

관행적인 기도회의 허상에 빠지지 말라

✦

사람들이 교회에 나오면 신앙 행위에 대해 배우게 된다. 예배와 기도, 헌금과 봉사, 전도 등 다양한 종교의식을 배우고 참여하게 된다. 그중에서도 기도에 대한 권면은 빠지지 않는다. 그 권면의 내용은 새벽기도회를 비롯한 교회에서 정한 기도회에 성실하게 참석하라는 것이다. 소수의 교인들이 여기에 동참하면서 열심히 기도하고 있다는 자부심을 갖게 된다. 기도회에 참석하지 않는 다수의 교인에 비하면 열심히 기도하고 있다는 것이 수긍은 간다. 그러나 다른 사람과 비교해서 기도를 열심히 하고 있다는 생각이 과연 성경적인 기준일까? 예수님 당시의 서기관과 바리새인들은 먹고사는 일에 바빠 종교에 관심이 없던 하층민인 '암하레츠'와 비교해서 우월한 종교심을 드러내기에 바빴다. 철저한 안식일 준수는 물론 하루 세 번의 기도, 내다 팔 목적이 아닌 집에서 기르던 박하와 회향과 근채까지 꼼꼼하게 십일조를 드렸다. 그렇지만 그들의 우월한 신앙관은 예수님의 책망의 대상이 되었으며 이들의 의를 넘지 않으면 천국에 들어갈 수 없다는 혹독한 비평의 대상이 되었다. 그들이 그렇게 생각한 기준은 성경적이 아니라 다른 사람의 신앙과 비교해서이다. 그래서 그들의 신앙 행위는 아무런 열매를 맺지 못할뿐더러 천국의 자격도 얻지 못한 최악의 결과를 낳았던 것이다.

그러나 안타깝게도, 그러한 일이 작금의 우리네 교회에서도 벌어지고 있다. 새벽기도회에만 참석하면 열심히 기도하고 있다는 우월한 신앙관을 갖는 현상이다. 그 외에도 심야기도회에 참석하거나 기도원에 올라가 금식기도라도 한다면 자신들의 종교적인 의가 하늘을 찌를 듯이 높아진다. 물론 그러한 생각을 감추고 조심스럽게 말은 하겠지만 자신의 희생적인 기도 행위를 하나님과 다른 교인들이 당연히 알아주어야 한다고 생각한다. 그러나 과연 그러한 생각이 성경적일까? 예수님은 새벽기도가 아니라 항상 기도하라고 말씀하시고 있으며 사도바울을 쉬지 않고 기도하라고 권면했다. 사무엘은 기도를 쉬는 것을 죄라고 표현할 정도였다. 그게 성경에 기록한 하나님의 뜻이다. 아쉽게도 그런 기도방식을 교회에서 가르치지 않는다. 그렇기에 아무도 일상에서 쉼 없는 기도를 하려고 하지 않는다. 만약 교회에서 성경적인 기도방식을 철저하게 가르쳤더라면 지금처럼 심각한 영적 침체를 겪고 있을까? 교회에서 가르치지 않더라도 성경을 열심히 읽고 깨달았다면 그런 기도방식을 실행에 옮길 수도 있을 것이다. 많은 사람들이 삶에 힘이 없고 신앙에 능력이 없는 이유는 관행적인 기도회에 참석하는 것으로 만족하고 있어서가 아닐까? 성경적이 아니라면 하나님이 간섭하지 않으며 성령의 능력이 나타나지 않기 때문이다. 사람들이 정한 관행적인 기도방식이 성경에 기록한 하나님의 뜻보다 더 선호하는 이 시대의 크리스천의 모습을 보면서 입안이 씁쓸하기만 하다.

성경적인 기도 가이드

규칙적인 기도시간을 만들라

✦

하나님이신 예수님께서도 습관을 좇아 기도하셨음이 기이하게 느껴진다. 왜 그러셨을까? 그 이유는 예수님조차도 육신의 몸을 지니셨기에 습관의 필요성을 느끼셨음이 틀림없다. 하물며 우리들이야 두말할 나위 없이 규칙적인 기도 습관이 필요하다. 그런 의미에서 새벽기도회는 좋은 습관을 들이는 행사일 것이다. 그러나 아쉽게도 행사로 끝내는 이들이 적지 않다. 새벽기도회가 아니라 새벽에 일어나 규칙적으로 기도를 해야 한다. 사실 새벽뿐 아니라 잠들기 전 늦은 밤도 규칙적으로 기도하기에 좋은 시간이다.

규칙적으로 기도하는 습관을 들여야 하는 이유는 기도 습관을 들이는 게 쉽지 않기 때문이다. 세상의 일들은 눈에 보이는 유익이 있기에 습관을 들이려고 애쓴다. 독서하는 습관이나 운동하는 습관, 절약하는 습관 등은 모두 유익함이 증거로 나타난다. 그러나 기도하는 습관의 유익은 눈에 보이지 않는 영적인 일이라 인내하면서 따라가기에 힘이 드는 것도 사실이다. 그래서 더욱 규칙적인 습관을 만들어 몸이 자동적으로 반응하도록 해야 한다. 그런 경지에 오르며 성령이 주시는 평안함과 기쁨, 각종 영적인 능력을 얻기에 세상에서 얻는 것보다 더 많은 유익함을 알게 된다. 그렇지만 아쉽게도 그런 경지에 오르는 이들은 극소수에 불과하다. 많은 사람들은 기도 습관을 들이지 않으며 행사에 그치는 기도 습관에 만족하는 이들도 적지 않다.

필자가 예전에 가정교회와 생업을 병행하던 시절에는 집에서 아침기도를 시작했다. 새벽 1시가 넘어 잠자리에 들기 때문에 여섯 시간을 자고 아침 7시에 일어나 한 시간에서 한 시간 삼십 분간 하는 것을 규칙으로 삼았었다. 아침에 일어나면 곧장 샤워를 하고 서재에 들어가 기도를 시작한다. 규칙적으로 해야 하는 이유는 기도가 재미있고 기뻐지는 때는 오랜 시간이 지나야 하기 때문이다. 하기 싫어도, 여러 이유로 하지 못하는 상황이 닥쳐도, 규칙을 정해 놓으면 하게 된다. 하루 정도 빠져도 큰 영향을 받지 않고 지속적으로 유지할 수 있다.

많은 사람들이 처음에는 굳은 결심으로 시작했다가 시간이 흐르면서 결심이 약해지고 기도를 하지 못하는 상황이 닥치면 그대로 주저앉아 버리고 만다. 규칙적인 습관을 들이지 못했기 때문에 이런 일이 발생하는 것이다. 아침에 기도하기가 어렵다면 잠자기 전 시간을 정해 규칙적으로 하는 것도 괜찮다. 어떤 자영업자들은 낮에 시간을 내서 규칙적으로 기도하고 있다. 예전 필자가 구내식당에서 파트타임으로 일하던 시절, 업무는 계약된 회사에 점심식사를 제공하는 케이터링 서비스였는데 식사를 차려 주면 다시 그릇을 챙기러 가기까지 약 한 시간 정도 여유시간이 남는다. 그때는 나무 그늘에 가서 성경을 읽곤 했다. 필자가 아침저녁으로 규칙적으로 기도하지 않았다면, 낮에 자투리 시간이라도 이용해서 기도를 했을 것이다. 정해진 시간에 규칙적인 기도 습관을 들여야 하는 이유는 기도 습관을 들이는 일이 녹록치 않기 때문이다. 적지 않은 시간이 지나면 몸이 자동적으로 반응하게 되는 날이 온다. 아무리 잠을 자지 못했더라도 그 시간만 되면 저절로 눈이 떠지며 정해진 시간에 기도하지 않으면 왠지 모르게 몸이 불편하다. 이게 바로 규칙적인 습관의 무서움이다. 나쁜 습관은 굳이 애쓰지 않아도 몸에 배지만 좋은 습관은 땀과 노력을 필요로 한다. 기도에도 이 원칙이 적용되는 것은 두말할 나위 없다.

느슨한 시간에 기도하라

◆

많은 사람들이 바빠서 기도하지 못한다고 한다. 정신없이 바쁘게 살아가는 현대인들의 실상을 모르는 바는 아니지만, 한번쯤 그렇게 사는 목적이 무엇인지 생각해 볼 필요가 있음은 분명하다. 바쁘게 사는 목적이 세상에서 성공하며 많은 수입을 벌어 가족을 잘 먹여 살려야 하는 게 궁극적으로는 행복하게 사는 삶의 방식이라고 입을 모을 것이다. 그렇다면 그 방식이 행복을 가져다주었는지 묻고 싶다. 실상은 바쁜 시간을 쪼개 기도하는 목적도 행복하기 위해서이다. 영혼이 잘되고 범사가 잘되는 이유가 기도하는 목적의 우선순위에 들어가 있다. 세상 사람들은 세상일에 바쁘게 사는 것이 행복을 추구하는 그들의 삶의 방식이라고 하더라도 크리스천들은 자신의 행복을 주관하시는 이가 하나님이신 것을 고백하는 사람들이 아닌가? 정신없이 바쁘게 사는 것이 하나님이 원하시는 삶의 방식은 분명 아니다. 하나님은 당신의 백성들이 당신의 능력으로 행복하게 살아가기를 원하시고 있다. 그렇지만 교회예배에 정기적으로 참석하면서도 여전히 세상의 삶의 방식을 좇아 행복을 추구한다면 자신의 신앙관을 다시 한번 점검해 볼 필요가 있다.

기도란 느슨한 시간을 내어 기도하는 것이 맞다. 무언가 다른 곳에 정신이 가 있거나 시간에 쫓기고 있다면 기도의 열매를 맺을 수 없다. 기도 목록을 경쟁적으로 외치는 형식적인 기도가 아닌, 성령이 내주하는 기도는 하나님을 부르고 찬양하고 감사하는 시간을 충분히 내어야 한다. 아침에 바빠서 느슨한 시간을 가질 수 없다면 잠자는 시간을 앞당겨서 충분히 자고 일찍 일어나야 하며 잠자기 전에 느슨한 시간을 내려고 한다면 TV 시청이나 컴퓨터 게임, 인터넷서핑, 영화 감상, 친구들과의 잦은 만남 등을 포기하는 것을 의미한다. 많은 일을 해야 하는 바쁜 상태를 포기하지 않고는 느슨한 기도시간을 가질 수 없다. 느슨한 기도시간을 낸다는 것은 삶을 단순하게 산다는 것을 의미한다. 그동안 즐거움을 주는 취미나 동호회, 친구들, 각종 문명의 이기들도 포기해야 한다. 기도의 사람이 되려면 기도를 우선순위의 상단에 올려 두어야 한다. 그렇지만 많은 이들이 돈을 벌거나 세상의 즐거움을 누리는 것에 대부분의 시간을 차지하기에 기도할 시간을 내지 못한다. 기도시간을 내려면 세상과 세상의 것을 추구하는 삶의 방식에서 영생을 얻는 삶의 방식으로 바뀌어야 하는 이유이다. 그렇지만 아쉽게도 교회에 나와서도 여전히 세상의 것을 내려놓지 못하는 이들이 너무 많다. 그래서 천국으로 가는 문이 좁고 그 길을 가는 사람은 드물다고 하시지 않았을까?

종교적인 신앙인이 되지 말라

♦

필자의 지인은 열정적인 신앙인이다. 모태신앙으로 아주 열심히 신앙 생활을 한다. 교회에서 주관하는 대부분의 행사에 참여하는 것은 물론 대외적으로도 다양한 신앙 활동을 하고 있고 전도와 봉사에도 열심이다. 말하자면 모든 목회자가 침이 마르도록 칭찬하는 교인임에 틀림없다. 자신도 목회자나 교인들의 평가를 당연히 받아들인다. 생업도 가지고 있기에 너무 바쁘다. 부족한 수면과 고단한 직장 일에도 본교회의 새벽기도회에 참여하고 퇴근하면 파김치가 되어 집에 돌아가곤 한다고 하소연이다. 필자는 그 지인에게 하는 일을 줄이고 바쁘게 살지 말고 충분히 쉬면서 기도하는 것과 말씀 읽는 시간을 더 많이 내라고 조언해 주었다. 그러나 그 지인은 필자의 조언을 별로 달가워하지 않았다. 새벽기도회에 빠짐없이 참여하는 것은 물론 다른 기도회에도 참여해서 열심히 기도하며 순간순간마다 기도하며 살아가는데 필자가 기도가 부족하다고 조언하니 못마땅하게 생각했다. 아마 이 글을 읽는 대부분의 사람들도 그렇게 생각하지 않을까?

예수님 당시의 바리새인들과 서기관들은 자신들을 최고의 종교엘리트

층이라는 자부심이 대단했다. 그들은 하루 세 번의 기도, 철저한 안식일 준수, 내다 팔려는 목적이 아닌 집에서 기르는 야채까지 철저히 십일조를 드렸다. 그렇지만 이들의 생각과는 달리 예수님의 판단은 혹독했다. 회칠한 무덤과 독사의 자식이라는 책망을 하셨으며 이들의 의를 넘지 않으면 천국은 언감생심이라고 하셨다. 아마 이 시대에도 이들보다 더욱 신앙생활에 철저한 사람은 찾기 어려울 것이다. 그들조차도 천국에 들어가지 못하는데 자신들의 희생적인 신앙 행위로 천국을 자신하고 있다면 웃기는 얘기가 틀림없다. 그렇다면 이들의 문제는 무엇일까? 다른 사람보다 희생적이고 열정적인 신앙 행위로 다른 사람들로부터 인정받기를 좋아하며 자기만족을 즐기는 데 있지 않았을까?

언급한 지인의 신앙관이 잘못된 것은 하나님의 능력보다 자신의 의지로 열심히 신앙 행위를 하고 있다는 데 있다. 하나님의 능력으로 사역을 하려면 가장 중요한 것은 기도와 말씀으로 성령의 능력을 받아, 그 능력으로 하나님의 일을 하는 것이다. 그러나 대부분의 크리스천은 기도하는 것과 말씀 읽는 것을 다른 여러 신앙 행위의 일부에 불과하다고 여기는 듯하다. 그 차이는 미미한 것 같지만 결코 작지 않다.

여러 기도회에 참석하고 각종 예배를 드리며 다양한 신앙 활동을 하는 것을 잘하는 것이라고 생각한다. 그러나 그게 아니다. 기도와 말씀에 전념하여 성령의 능력을 받아 그 능력으로 하나님이 맡기신 사역을 하는 것이다. 예배와 전도, 봉사를 포함해서 말이다. 자신의 의지로 열심히 하는 것은 하나님과 아무 상관이 없다. 그러나 겉으로는 그게 구별이 잘 되지 않는다. 기도하는 것과 말씀 읽는 행위만이 하나님을 만나고 성령과 깊게 교제하는 유일한 방법이다. 하나님의 일은 이 두 가지를 통해 능력을 받아야 하기에 모든 신앙 행위의 절반 이상을 차지해야 한다. 그러나 아쉽게도 대부분의 크리스천들은 기도하는 것과 말씀 읽는 것을 여러 신앙 행위 중에 구색으로 끼워 넣는 듯하다. 그래서 새벽기도회에 참석하면 기도를 열심히 하고 있다고 생각한다. 성경은 이 같은 이들을 종교적인 신앙인으로 말하고 있다. 바리새인과 서기관들도 그런 부류의 사람들이었다.

　기도하는 것과 말씀을 읽는 것은 다양한 신앙 행위 중에 하나가 아니다. 이 행위를 통해 성령의 능력이 내려오는 것이다. 그래서 예수님은 항상 기도하라고 하셨고 사도바울은 쉬지 말고 기도하라고 하였으며 사무엘은 기도를 쉬는 것을 죄라고 고백하였다. 히브리파와 헬라파 과부의 구제분배에 머리가 아파진 베드로는 집사들을 따로 세워 맡기고 자신은 기도와 말씀 전하는 것에 전념하겠다고 한 말을 곱씹어 보라. 베드로의 고백은 기도가 왜 모든 신앙 행위 중에 시간과 에너지의 절반 이상을 투입해야 하는지를 잘 말해 주고 있다. 종교적인 신앙인들은 기도를 여러 신앙 행위 중의 하나로 생각하는 반면, 영적인 사람들은 기도를 삶의 최우선을 두고 살아가는 이유이다. 그러나 우리네 주변에는 영적인 능력이 내려오는 기도방식을 가르치는 교회가 드물다. 그래서 새벽기도회에 성실하게 참여하면 기도를 열심히 한다고 생각한다. 그러나 성경에서 말하는 기도는 그게 아니다. 기도는 삶의 최우선순위에 두고 가장 많은 시간과 에너지를 투입해야 한다. 기도와 말씀 읽기가 하나님의 일의 전부라도 해도 과언이 아니다. 하나님의 일은 자신의 지혜와 의지로 하는 게 아니라 하나님의 능력으로 하기 때문이다.

76

하나님과 동행하려고 애써라

◆

　성경은 하나님과 동행한 위인들의 이야기라 해도 과언이 아니다. 하나님은 과거를 살았던 성경 위인들만의 하나님이 아니라 현재를 살아가는 우리의 하나님도 되신다면 우리 역시 하나님과 동행하는 삶을 살 수 있을 것이다. 그렇지만 우리 주변에 하나님과 동행하는 삶을 산다고 자신 있게 말할 수 있는 사람들은 극히 드물다. 하나님은 영이시기 때문에 기도로써 우리의 영혼과 친밀하게 교제하며 살아갈 수 있다. 기도하는 사람들은 많지만 하나님과 동행하는 사람들을 찾기 어려운 이유는 무엇일까? 하나님과 동행하는 기도를 하지 못하기 때문이다.

　그렇다면 하나님과 동행하는 기도란 어떤 기도를 말하는 것일까? 말 그대로 일상의 삶에서 늘 하나님과 대화하며 살아가는 기도이다. 그러한 기도방식으로, 예수님은 항상 기도하라고 하셨으며 사도바울은 쉬지 말고 기도하라고 하였다. 그래서 필자는 기도 습관을 들이기 위한 훈련을 시작할 때 그런 기도를 꿈꾸었다. 십여 년이 지난 지금 그런 기도를 하고 있나 돌이켜 보곤 한다. 하나님과 동행하는 상태란 하나님 생각으로 가득 찬 삶을 사는 것을 말한다. 일이나 공부 등으로 정신을 집중할 때를 제외하고 느슨한 상태에서는 하나님 생각이 자동적으로 떠올라야 한다. 그래서 자신도 모르게 하나님을 찾고 부르며 찬양하고 감사하며 요청하는 기도를 하게 된다. 많은 사람들이 기도를 시작하면 자신이 요구하는 목록을 경쟁적으로 요청하기에 성령이 내주하는 기도에 관심이 없다.

성령이 내주한 상태는 보통 감정의 상태와 아주 다르다. 성령이 없는 상태에서는 마음이 건조하고 냉랭하다. 그러나 성령이 내주하면 마음이 잔잔한 평안함으로 채워지며 지극히 만족스러운 상태가 된다. 그런 기도의 기쁨을 알아야 일상의 삶에서도 지속적으로 기도를 시도하고 기도를 시도하면 성령 충만한 상태가 되기를 애쓴다. 하나님은 인격체이므로 우리의 영혼과 인격적으로 교제할 수 있다. 감정과 지성을 서로 나눌 수 있다. 그런 상태를 누리고 있어야 하나님과 동행하는 삶을 산다고 할 수 있다. 희생적인 기도를 하는 게 중요한 게 아니라 성령과 동행하는 기도를 하는 것이 중요하다. 하나님과 동행하는 기도를 할 수 있어야 풍성한 기도의 열매를 맺을 수 있기 때문이다.

77

환경에 상관없이 기도하라

✦

    하나님은 영이시기 때문에 시간과 공간을 초월해서 만날 수 있는 분이다. 우리가 기도를 시작하면 듣고 계시는 분이라는 뜻이다. 그러나 우리는 자주 기도하기 어렵다. 이유는 여러 가지이다. 기도할 시간과 장소가 부족해서이다. 콕 집어서 말하자면 기도할 마음이 없다는 변명이다. 그러나 이 시대를 살아가는 현대인이라면 누구나 공감하는 말이기도 하다. 교회에서 추구하는 새벽기도회에 나가려면 오전 5시에 일어나야 하지만 그게 어디 쉬운 일인가? 자정이 넘어서야 잠자리에 드는 오랜 삶의 방식을 바꾸지 않는다면 새벽기도회는 그야말로 꿈에 불과하다.

    필자가 평신도 시절에도 이 고민을 명쾌하게 해결했던 기억이 없다. 사순절 기간이나 특별한 행사를 빌미로 일 년에 한두 번씩 열리는 작정 새벽기도회에 참여하는 것으로 만족했다. 그러던 필자가 목사가 되어서 새로운 사람이 된 것은 아니다. 영성학교는 새벽기도회를 따로 하지 않는다. 영성학교에서는 아침 기도시간이 정해져 있지만 집에 있으면 각자 알아서 해야 한다. 필자의 지론은 새벽기도회의 참여가 아니라 성경적인 기도를 해야 한다는 것이기 때문이다. 새벽기도회에 나가서 20여 분 기도하면 신앙의 의무(?)를 완수했다는 자기 위안으로 삼는 병폐를 아예 차단하고 싶었다. 성경의 기도방식은 새벽기도회를 비롯한 기도회에 참여하는 것이 아니라 그냥 기도하는 것이다. 정확하게 말하자면 일상의 삶에서 항상 기도하고 쉬지 말고 기도하는 방식이다. 물론 그런 기도방식이 말처럼 쉽지는 않다.

그러나 기도는 말씀과 더불어 하나님을 만나는 유일한 통로이다. 기도를 하지 않는 신앙인은 죽은 영혼의 소유자이다. 천국의 자격도 언감생심이다. 어차피 천국문은 좁은 문이며 그 길을 가는 사람들은 소수에 불과하다. 대형교회에서 단체 버스로 가는 곳이 아니다. 교회에 등록해서 주일예배에 참석했다고 가는 곳은 더더욱 아니다. 성령으로 다시 태어나야 하고 하나님의 뜻대로 살려고 애쓰는 사람만이 자격이 주어지는 곳이다. 지식이 아니라 가슴으로 믿고 고백해야 가능하다. 그런 사람들은 천국의 자격을 위한 믿음을 위해서라면 어떤 희생이라도 기꺼이 받아들인다. 예수님께서도 제자가 되려면 자기를 부인하고 자기 목숨보다 하나님의 뜻을 더욱 사랑해야 한다고 하신 이유이다.

그런 믿음을 소유한 사람들은 새벽기도회나 교회에서 행하는 기도회에서만 기도하지 않는다. 기도란 하나님과 친밀하게 교제하는 시간이기 때문에 일상의 삶에서 기도의 삶을 살아간다. 그렇다면 환경에 상관없이 기도하는 습관을 들여야 한다. 바빠서 기도하지 못하는 게 아니라 바쁘더라도 어떻게든 기도하는 사람이 되어야 한다는 뜻이다. 숨을 쉬지 못하는 사람은 죽기 마련이다. 그래서 물에 빠지면 지푸라기라도 붙잡고 허우적거리며 숨을 쉬려고 안간힘을 쓴다. 기도란 그런 것이다. 하나님과의 교제가 끊긴 사람은 영적으로 죽은 크리스천이다. 오랜 신앙의 경륜과 묵직한 교회의 직분과는 상관이 없다. 필자의 경우는 잠에서 깨자마자 기도를 시작하고 잠자리에 들기 전 기도를 하는 습관을 들였다. 그 시간을 내기 위해서 다른 행위들을 확 없애 버렸다. 저녁이 되면 식사를 하고 좀 쉬다가 기도하고 잠자리에 든다. 이미 친구들과의 관계도 끊겼고 오랫동안 TV를 보지 않아서 인기 연예인의 이름조차 모른다. 기도 후에 시간이 남았다면 다른 일을 찾아서 한다. 낮에도 틈만 나면 기도하려고 애쓴다. 공원의 벤치든지 자동차 안이든지 병원에서 기다리는 시간이든지 상관하지 않는다. 시간이 나서 숨을 쉬는 게 아니다. 숨을 쉬지 않으면 죽기 때문에 수단 방법을 가리지 않고 숨을 쉬려고 하듯이 기도도 마찬가지이다. 이유가 무엇이더라도 기도를 하지 않으면 영혼이 죽어 버린다. 육체가 죽는 것보다 더 두려운 일이 영혼이 사망하는 일이 아닌가?

삶의 가지치기를 하라

✦

　과수원에서 일해 본 사람들은 봄에 꽃이 만발하게 피었다가 지고 난 자리에 올망졸망한 열매들이 맺히기 시작하는 것을 볼 수 있을 것이다. 그러나 그 열매들을 다 수확하는 것은 아니다. 한 개의 가지마다 서너 개의 열매만 남겨 두고 나머지들은 다 떼어 버린다. 왜냐하면 한 개의 가지에 많이 열린 열매들을 내버려 두었다가는 영양분을 충분히 섭취하지 못해 큰 열매로 성장하지 않기 때문이다. 그래서 크게 자라도록 몇 개의 열매만 남겨 두고 다 떼어 버린다. 많은 크리스천들이 바빠서 혹은 집중하기 어려워 기도하지 못한다고 하소연하는 이유도 이와 다르지 않다.

　세상에서 하고 싶은 일을 다 하면서는 성령이 내주하는 기도를 병행할 수가 없다. 우리가 살고 있는 현대사회는 성경의 위인들이 살았던 고대사회와는 다르다. 그때는 삶이 아주 단순했으며 목축업이나 농사를 짓는 직업은 언제나 여유롭고 느슨한 삶을 제공했다. 그렇기에 그들은 평화로운 자연 속에서 기도에 집중하는 삶을 누릴 수 있었다. 그러나 지금의 현대사회는 근래 50년에 변화할 것을 5년 만에 변화가 되듯이 아주 바쁘게 세상이 바뀌어 간다. 그래서 사람들은 눈이 핑핑 돌듯이 변화하는 세상에 맞추어 아주 바쁘고 피곤하게 살아가고 있다. 자고 나면 배워야 할 것들이 산더미처럼 쌓여 있는 형국이라 그곳을 따라가지 못하면 인생의 낙오자가 된 듯한 불안과 두려움 속에 살아가고 있다. 그래서 사람들은 아침 일찍 일어나 밤늦게 잠자리에 들면서도 뒤처지고 있다는 공포에 사로잡혀 살고 있다. 그런 삶 속에서 기도에 집중하며 산다는 것은 실로 어려운 일임이 틀림없다. 날마다 산더미처럼 많은 일들을 해 가면서 기도를 한다면 그런 기도는 아주 작은 열매를 맺을 것이 분명하다.

삶의 가지치기는 별로 중요하지도, 급하지도 않은 일을 줄여 나가는 것을 말한다. 가장 먼저 가지치기를 해야 할 것은 쾌락을 즐기는 일일 것이다. 컴퓨터 게임이나 TV, 영화, 쇼핑이 여기에 속할 것이고 친구들과 수다를 떨거나 틈만 나면 스마트폰을 만지작거리는 행위도 문제임이 틀림없다. 그뿐 아니다. 현대를 살아가는 사람들은 하나님이 아니라 돈이 우상이다. 그래서 부자가 되는 일에 자신의 대부분의 시간을 투자하고 있다.

직장인이라면 잔업과 휴일도 마다하지 않고 일에 빠져 있으며, 자영업자나 사업가라면 사업으로 정신없이 바쁜 것을 자랑거리로 여길 게 뻔하다. 그러나 예수님께서 부자가 천국에 들어가는 일이 회귀할 것이라고 말했다. 부자들은 돈을 벌고 관리하는 일에 대부분의 시간을 보내고 있기에 하나님을 섬길 시간을 내지 못하고 있기 때문이 아닐까? 하나님은 당신의 백성들이 생계비에 만족한 삶을 살라고 하셨다. 그러나 우리는 탐욕 때문에 그런 말씀이 귀에 들어오지 않는다. 그래서 평생 돈을 벌고 쓰는 일에 바빠 기도할 시간을 내지 못하는 것이다.

예전에 필자가 십여 년이 넘게 아내와 화장품 방문판매업을 하다가, 아내가 힘들어하자 일을 반으로 줄이고 필자가 구내식당에 파트타임으로 일을 했다. 직업을 구하는 기준은 많은 수입이 아니기에 최소한의 생계비만 벌 수 있는 시간만 일하려고 했다. 그래서 가난하게 살 수밖에 없는지 모르지만 하나님의 돌봐 주심으로 그리 불편하지 않게 살았었다. 그래도 먹고 입고 자는 일에 늘 풍족했다. 물론 수입은 세상적인 기준으로 보자면 최저생계비에 불과했다. 그렇게 하는 이유는 남은 시간을 내서 기도하고 말씀을 읽으며 사역하는 시간을 내고 싶었기 때문이다. 그 덕분에 필자는 사역과 생업을 병행하면서도 하루에 네댓 시간 이상 기도와 성경 읽는 시간을 낼 수 있었다. 그렇게 할 수 있는 이유는 삶의 가지치기를 하였기 때문이다. 그 외에 다른 시간이 나면 운동을 하거나 산책, 휴식을 취했다. 이렇게 삶의 가지치기를 하면 얼마든지 기도할 시간을 낼 수 있지만, 그렇지 못하면 시간이 나더라도 기도하지 않는다. 기도의 중대성을 아는 사람들만이 삶의 가지치기를 하기 때문이다.

79

심플하게 살라

✦

삶의 가지치기를 하는 것보다 더 중요한 것은 심플하게 사는 것이다. 현대를 사는 사람들은 아주 피곤하고 고단하게 살아간다. 옛날 사람들보다 오랫동안 많은 학문을 배워야 했으며, 학교를 졸업했더라도 세상에 나오면 다시 배워야 할 것이 산더미처럼 쌓여 있다. 크리스천조차 부자가 되려면 일생의 대부분을 돈 버는 일에 투자해야 한다는 세상 사람들의 삶의 방식을 좌우명처럼 여기고 따르고 있다. 성경에서 말하는 삶의 방식은 고리타분하게 여기며 오직 성경에만 존재하는 이야기로 치부해 버린다.

그러나 우리가 돈을 많이 벌어 부자가 되고 결혼해서 가정을 꾸리며 자녀를 낳아 기르는 목적이 무엇인가? 행복하게 살고 싶어서가 아닌가? 하나님의 백성이 되어 성령과 깊고 친밀하게 교제하는 기도의 삶을 사는 이유도 이와 다르지 않다. 세상 사람들의 행복의 조건은 부자가 되고 성공을 하는 것이지만, 하나님의 백성인 크리스천은 하나님과 동행하는 삶에 있다. 하나님이 우리의 인생을 인도하시고 날마다 함께하신다면 행복할 수밖에 없다. 하나님은 세상을 만드시고 우주를 운행하시며 인간의 생사화복을 주관하시는 분이시기 때문이다. 그래서 예수님은 하나님과 재물

중의 하나를 선택해야 한다고 하신 이유이다. 돈이 부족하더라도 세상에서 성공적인 삶을 살지 못하더라도 평안과 기쁨의 근원이신 하나님이 함께하신다면 행복하게 살아갈 게 뻔하다.

그렇다면 세상에서 말하는 행복의 조건이 아니라 성경에서 밝히는 행복의 조건을 따라가야 할 것이다. 그것이 바로 심플하게 사는 삶의 방식을 추구하는 것이다. 돈을 버는 일도 최소한의 생계비만 있다면 그것에 만족하고 세상 사람들의 풍조인 부를 추구하는 삶의 태도를 버리는 일이다. 또한 쾌락을 좇는 세속적인 태도를 버려야 한다. 술과 향락, 쇼핑, 게임, 음란 등에서 즐거움을 얻는 삶의 방식을 포기해야 한다.

하나님의 백성은 세상 사람들이 추구하는 쾌락이 아니라 하나님이 함께하시는 즐거움으로 채워야 한다. 그것은 기도와 말씀에서 나오는 영적인 기쁨이다. 세상 사람들은 육체의 쾌락을 따르지만 크리스천들은 영혼의 기쁨을 추구하는 것이 다르다. 그래서 하나님의 백성들은 생계비를 버는 것으로 만족하며 남은 시간은 성령과 동행하는 시간으로 채우는 것이다. 그러한 삶을 누리려면 일상의 삶이 심플할 수밖에 없다. 적당한 노동, 휴식, 그리고 최소한 삶에 필요한 일에 시간과 에너지를 소비하며 남은 시간에는 기도와 말씀 그리고 하나님의 뜻을 따르는 일로 삶을 채우는 것이다. 이러한 삶의 방식에서 평안과 기쁨을 얻기에 이 땅에서의 삶이 행복하다고 느껴지는 것이다.

기도의 강을 건너야 말씀이 들어온다

✦

　기도와 말씀은 하나님을 만나는 양대 산맥이다. 이 두 행위는 동전의 양면 같아서 어느 한 면을 따로 떼어 가지고 말할 수 없다. 그러나 우리 주변에는 그런 일이 전혀 없는 것은 아니다. 말하자면 기도만 하고 말씀을 소홀히 하거나 그 반대로 말씀은 열심히 읽는데 기도를 등한시한다. 하나님은 말씀으로 자신의 존재감을 드러내신다. 성경을 통해 자신의 뜻을 밝히셨다. 그러므로 말씀에 대한 깨달음이 없이 기도만을 열심히 한다면 하나님과 상관없는 신비주의자가 되기 십상이다. 신비주의자들은 진리에 서 있는 자들이 아니다. 이단 종교를 믿는 자들과 하등 다를 게 없다. 그러나 그런 사람들이 우리네 교회 주변에 수도 없이 많다. 이들은 자신에게만 말씀해 주셨다고 하는 예언이나 질병의 치유 혹은 기이한 현상을 통해 사람들을 미혹시킨다.

　이러한 신비주의자에게 빠지는 사람들이 적지 않은 이유는 말씀에 대한 올바른 지식과 깨달음이 없기 때문이다. 말씀을 제대로 알고 있다면 그들의 행위가 성경적인 방식인지 아닌지 금방 분별할 수 있다. 성경지식과 성경에 대한 깨달음은 다르다. 성경지식은 신앙연륜이 오래되었거나 성경을 여러 번 읽어 보았다면 대략적인 내용은 알 수 있을지 몰라도 말씀에 대한 깨달음은 다르다. 말씀에 대한 깨달음은 성령이 비쳐 주어야 얻게 된다. 그래서 많은 크리스천들이 성경을 읽으려고 시도하며 교회에서도 각종 성경공부행사나 성경교육 프로그램을 통해 성경을 읽는 습관을 들이려고 애쓰고 있지만 열매가 없는 이유이다. 그래서 성경책은 교회예배에 들고 다니는 지참물로 남아 있다. 대부분의 가정에서는 책상에 놓여 있거나 책꽂이에 꽂혀 있다가 예배의식 때에나 찾게 된다. 더욱더 슬픈 현상은 성경을 읽을 필요조차 느끼지 못하는 이들이 무척이나 많다는 것이다. 성경의 지식이나 깨달음에 대한 무지는 하나님의 뜻에 대한 무지와 직결된다. 하나님의 뜻을 모르는데 어떻게 하나님의 뜻대로 살아갈 수 있겠는가?

성경을 읽고는 싶지만 읽히지 않는다고 하소연하는 사람들도 의외로 많다. 필자도 20여 년의 평신도 시절에 그런 경험을 가지고 있다. 새해가 되면 작심하고 목표를 정하거나 여러 필요에 의해서 성경책은 펼쳐 보았지만 열심히 읽는 습관을 들이지 못했다. 그동안 성경을 읽는 습관에 실패한 이유를 나중에야 비로소 알게 되었는데 그것은 바로 성령이 내주하는 기도를 하지 않았기 때문이다. 성경은 지식이나 정보가 들어 있는 일반적인 책과는 달리 영적인 책이다. 하나님의 존재감이 묻어나는 책이다. 그러므로 그냥 읽어서는 깨달음을 얻을 수 없다. 성령이 내주하는 기도를 동반해야 비로소 영안이 열리는 경험을 하게 된다. 그러나 기도를 시작한다고 금세 성령이 내주하는 것이 아니기 때문에 처음에는 자신의 의지로 열심히 읽는 시간이 필요하다. 그러다가 시간이 지나서 성령이 내주하는 상태가 되면 성경을 읽을 때 감동이 오면서 성경말씀이 송이 꿀보다 더 단 체험을 하게 된다.

어떤 이는 성경책을 펼쳐 놓기만 해도 감동이 물밀 듯 밀려온다는 이도 있고 말씀을 읽기 시작하면 눈물이 앞을 가려 글자가 보이지 않는다는 이도 있다. 필자는 그런 감동은 그리 많지 않았지만 성경을 읽을 때 느끼는 평안함과 기쁨이 함께하고 있다. 성경읽기에 몰입되면 글자가 가슴에 들어와 박히는 기분 좋은 경험을 하곤 한다. 지금은 하도 많이 읽어 내용이 대부분 머릿속에 있어도 다시 읽으면 읽을수록 새롭다. 특히 깨달음은 읽을 때마다 다르다. 이런 경지에 이르려면 성령이 내주하는 기도를 동반하면서 성경을 습관적으로 읽어야 한다. 필자는 아침에 일어나면 기도를 하고 나서 한 시간 정도 성경을 정독하며 읽고 낮에도 한 차례 더 읽고 있다. 말씀이 가슴에 들어와야 비로소 하나님의 존재감을 느낄 수 있다. 하나님과 함께하는 증거가 바로 말씀이 머릿속에 빼곡하게 들어와 있는 현상이다.

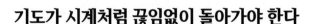

기도가 시계처럼 끊임없이 돌아가야 한다

◆

　예전부터 성령께서 필자에게 영음으로 들려주시던 말씀 중에는 기도에 대한 내용도 적지 않다. 위의 말씀도 성령이 해 주신 언급 중의 하나이다. 성령께서 사용하시는 단어는 우리가 늘 쓰는 것과 다른 용어나 표현도 많다. 기도를 시계에 비유한 표현도 그렇다. 시계는 쉬지 않는 대표적인 기계이다. 시계가 동작을 멈춘다는 것은 시계의 역할을 제대로 하지 못한다는 뜻이나 다름없다. 기도도 이처럼 멈추지 말아야 한다. 성경에도 이 같은 표현이 있다. 예수님은 항상 기도하라고 하셨으며 사도바울은 쉬지 말고 기도하라고 하였다. 그러나 아쉽게도 우리들은 이러한 기도 습관을 들이지 못했다. 하루에 한 번, 그것도 20여 일 남짓한 새벽기도회에 참석하여 기도하면 열심히 기도하고 있다고 여기고 있지 않은가? 그렇지만 아쉽게도 우리는 그런 기도 습관을 들이려고 애쓰기보다 문제가 생기면 희생의 강도를 높이는 기도를 시도하는 데 그치고 있다.

　필자가 성경의 말씀대로 쉬지 않고 기도하는 습관을 들이려고 했을 때가 생각난다. 그때는 틈만 나면 하나님의 이름을 부르며 기도하려고 애썼다. 집이나 교회에 있을 때뿐만 아니라 자동차를 운전하거나 산책을 하거나 병원에서 차례를 기다리고 있을 때에도 예외 없이 기도를 시도했다. 시내에서는 소음이 심하므로 수영용 귀마개를 항상 휴대하고 다니다가 귀를 막고 기도하곤 했다. 그렇게 한 3년이 지나자 항상 기도하는 습관이 들었다. 기도훈련을 했을 때가 벌써 20여 년 가까이 되어서 그때를 생각해 보면 감개가 무량하다. 지금은 몸이 자동적으로 반응하는 상태가 되었다. 정해 놓고 기도하는 시간이 아니라도 일상의 삶에서 느슨한 시간이 되면 자동적으로 기도가 튀어나온다. 그러기에 사람들과 대화하는 시간을 피해서 혼자 있는 시간을 즐기기도 한다. 성령이 내주하는 기도를 하게 되면 평안과 기쁨으로 채워지므로 기도 자체를 즐기게 된다. 성령의 증거가 나타나는 기간이 오래되면 성령의 열매가 맺힌다. 성경에서 약속한 수많은 은사를 받아 누리기도 한다. 그러나 자신의 자랑거리가 아니라 하나님의 뜻에 한해서 사용하게 됨은 물론이다. 어쨌든 기도란 영혼의 호흡이라 삶의 현장에서 끊임없이 이루어져야 한다. 기도가 시계처럼 돌아가야 한다는 성령의 말씀이 주는 교훈을 곱씹어야 할 것이다.

82

기도하지 않는 영혼은 죽은 영혼이다

◆

　수많은 크리스천들이 규칙적으로 기도하고 있지 않다. 그러나 여러 문제로 인해 지금은 기도하지 않지만 기회가 되면 기도할 생각이기에 그다지 문제 삼지 않는 눈치이다. 어떤 이는 식사 전에는 꼭 기도를 하고 있으며 잠자리에 들기 전에도 몇 마디 하고 자기 때문에 기도를 하지 않는다고 생각하지 않는다. 그러나 이마저도 하지 않는 크리스천이 적지 않다. 기도 없이 주일예배에 참석하는 것으로 신앙생활을 대신하고 있다. 그러나 이들도 천국의 자격에 대해서는 문제가 없을 것으로 확신하고 있다. 그러한 근거는 예수를 주로 시인하면 구원을 얻는다는 말씀을 방패로 삼고 있으며 대부분의 목회자들 역시 이러한 구원관과 일치한다. 그러나 하나님은 시인하였지만 행위는 따르지 않았던 이들을 가리켜 바울은 거짓교사라고 불렀다. (딛 1:16) 예수를 주로 시인하는 것은 머리로 하는 것이 아니라 마음 깊은 곳에서 나오는 신앙고백이다. 이러한 고백에는 희생적인 행위가 뒤따라 나오게 되어 있다. 그러나 가슴이 아니라 입으로만 시인하는 이들은 말뿐인 신앙생활이 전부이다. 이들이 천국에 들어가는 일은 절대 없다.

　형식적인 기도를 비롯해서 하나님과 깊고 친밀하게 사귀는 기도를 하

　　　　　　　　　　　　　　　　성경적인 기도 가이드

지 않는 영혼은 죽은 영혼이다. 비록 자신은 기독교를 믿고 있는 크리스천이라고 생각해도 결과는 달라지지 않는다. 육체는 음식을 섭취해서 영양분이 공급되어야 생존을 유지할 수 있다. 그러나 영혼은 주인인 하나님과 지속적인 관계를 유지해야 살 수 있다. 그 지속적인 관계를 알려 주는 지표가 바로 마음 깊은 곳에서 규칙적으로 기도하는 것이다. 일상에서 그런 기도가 없는 이들은 죽은 영혼에 불과하다.

죽은 영혼의 특징은 건조하고 메마르다. 뭔지 모를 걱정과 염려, 불안함과 두려움이 마음을 맴돌고 있다. 그래서 이들은 세상이 주는 쾌락을 찾아 나선다. 하나님과 깊은 관계를 맺어 생수가 공급되는 이들은 세상의 쾌락을 얻어야 할 필요를 느끼지 못한다. 틈만 나면 조용한 곳을 찾아 하나님의 영과 자신의 영혼과 교감하는 시간을 즐긴다. 그 사귐을 통해 또 다시 평안함과 기쁨을 공급받는다. 그래서 마음 깊은 곳에서 잔잔한 평화와 즐거움이 샘솟듯 흘러나와 마음 가득히 채워진다. 이들이 바로 살아 있는 영혼이다. 그렇지만 살아 있는 영혼의 상태를 경험하지 못한 사람들은 무미건조한 영혼이 주는 허전함과 공허함에 익숙해져 있기에 그게 전부라고 생각하기 쉽다. 죽은 영혼은 기쁨과 평안이 사라진 영혼이다. 죽은 영혼을 다시 살리는 길은 성령이 내주하는 기도의 습관이다. 우리의 영혼은 하나님과 지속적인 관계를 맺어야만 소생할 수 있다. "나는 포도나무요 너희는 가지라 그가 내 안에, 내가 그 안에 거하면 사람이 열매를 많이 맺나니 나를 떠나서는 너희가 아무 것도 할 수 없음이라"(요 15:5)라고 하신 예수님의 말씀을 곱씹어 보라. 우리의 영혼이 하나님께 붙어 있어야 비로소 영원한 생명을 얻게 된다는 의미이다.

83

고난과 기도는 정비례한다

◆

성경에 나타난 기도의 사람은 다윗이다. 다윗은 이스라엘 백성이 칭송하는 최고의 왕이었지만 그의 일생은 고난의 연속이었다. 골리앗을 죽여 사울의 사위가 되었지만 사울왕의 시기와 질투로 죽을 고난을 겪으며 도망쳐야 했다. 오랜 세월이 지나 가까스로 왕이 되기는 했지만 밧세바와의 간음 사건으로 하나님의 책망을 들어야 했으며 말년에 사랑하는 아들 압살롬의 배반으로 노구(老軀)를 이끌고 정처 없이 떠돌아다녀야 하는 고단한 도망자의 신세가 되었다. 나라를 다스리는 최고의 권력자인 왕의 자리에 있으면서도 군대 장관 요압의 권세를 제압하지 못하고 끙끙 앓기도 했다. 그렇게 영광과 고난이 반복된 삶 덕분에 그는 찬란한 작품인 시편의 저자가 되었다. 시편은 하나님을 찬양하고 영광을 돌리는 내용으로 가득 차 있지만 반면에 그가 일생 동안 겪은 신산한 삶이 녹아 있기도 하다. 그가 고단하고 팍팍한 삶을 살지 않았다면 마음 깊은 곳에서 배어 나온 기도가 탄생했을 리가 없다. 고난과 기도는 동전의 양면처럼 뗄 수 없는 숙명적인 관계이기도 하다.

깊은 기도를 소원한다고 고난을 자초하는 사람은 없다. 누구나 평안하고 형통한 삶을 바라지 스스로 고통의 수렁에 빠질 수는 없는 노릇이다. 생각이야 어찌됐든 고난은 사람을 편애하지 않고 찾아온다. 그러나 고난에 빠졌다고 기도의 기회로 여기는 것도 아니다. 실망한 나머지 자포자기 상태에 빠지거나 분노와 원망으로 여생을 보내는 이들도 있다. 그러나 크리스천이라면 자신의 어리석음으로 자초한 고난이든지 어쩔 수 없는 불행한 사건으로 인한 고난이든지 고통에서 빗어나는 유일한 해결책은 하나님의 도우심이다. 그래서 고난이 오면 기도라는 기회로 삼고 간절히 기도하는 습관을 들여야 한다.

고난이 깊을수록 기도도 깊어진다. 고난이 없었다면 하나님과 친밀하게 교제하는 영적 습관을 들이지 못한 사람도 허다할 것이다. 하나님은 악인에게 고난을 주시는 게 아니다. 하나님이 싫어하는 악인들은 어두움에 내버려 두신다. 그들은 이 땅에서 흥하든지 망하든지 상관없이 그 영혼은 지옥의 불에 들어갈 운명이다. 그게 하나님의 심판인 것이다. 우리가 이 땅에 살면서 닥치는 고난은 어리석음과 미련이 자초한 것일 수도 있고 어쩔 수 없는 불행한 사건인 경우도 있겠지만 고난을 통해 자신의 능력과 지식, 지혜를 버리고 전능하신 하나님을 찾는 계기로 삼게 하시는 것이다. 특히 고난이 깊을수록 전능하신 하나님의 능력을 체험하는 계기가 된다. 그러므로 고난이 많은 사람일수록 세월이 흐르면 하나님과 동행함으로 영적으로 완숙한 경지에 오르는 것이다.

84

기도가 삶의 원동력이다

✦

자신의 삶을 살아가는 원천은 무엇인가? 어떤 이는 돈이라고 말할 것이고 또 다른 이는 배우자나 자녀 혹은 가정이라고도 말할 것이다. 그도 아니라면 정년이 보장된 직장이나 거대한 사업체 혹은 명예로운 신분이나 고소득을 얻게 해 줄 전문 자격증이라고 말하는 이도 있을 것이다. 그러나 스스럼없이 하나님이라고 당당하게 밝히는 크리스천도 적지 않을 것이다. 만약 그렇게 생각하는 이가 있다면 평소에 하나님과 깊고 친밀한 관계는 필수적이지 않겠는가? 그냥 하나님을 인정하는 것으로 그쳤다면 이보다 더 허망할 수가 없다. 그런 사람들은 돈을 많이 벌었지만 쌓아 두고 바라보는 것으로 만족하는 이와 다르지 않다. 하나님이 세상을 지으시고 우주를 운행하시며 인간의 생사화복을 주관하시는 분임을 믿는다면, 그런 하나님의 기뻐하시는 자녀가 되어 그분이 준비한 선물을 받아야 마땅하지 않겠는가?

부자 아버지를 둔 아들은 언젠가 아버지의 재산이 자신의 것이 될 거라는 생각을 갖는다. 전지전능한 하나님의 자녀가 되었다는 것은 그분의 능력을 수혜할 수 있는 자격을 가졌다는 것과 동일한 의미이다. 그러나 아쉽게도 그럴 마음은 있지만 요청하지 않는다면 진심으로 전능하신 하나님을 믿지 않기 때문일 것이다. 우리 주변에는 그런 크리스천이 적지 않다. 하나님을 전능하신 절대자로 여기는데 그분에게서 능력 있는 삶의 원동력을 얻으려 하지 않는 이들이다. 전능하신 하나님의 능력을 요청하여 얻어 내는 통로가 바로 기도이다. 기도를 통해 날마다 능력 있는 삶과 신앙의 동력을 얻는다. 예수님이 승천하신 후 제자들은 마가의 다락방에 모여 전심으로 기도하며 성령의 임재를 간절히 요청했다. 그리고 성령이 임재한 후에야 비로소 탁월한 능력의 사도들과 제자들이 되었다. 하나님은 과거의 하나님뿐 아니라 현재의 하나님이시기도 하다. 아브라함의 하나님, 야곱의 하나님일 뿐 아니라 우리의 하나님이시다. 고단하고 팍팍한 자신의 삶을 탁월한 능력의 삶으로 바꿀 수 있는 방법이 바로 기도이다. 기도가 날마다의 삶을 힘차게 하는 원동력이다. 그런 능력의 통로를 알고 있다면 당장 자신의 소유로 만들어야 할 것이다.

85

기도는 신령한 은혜가 내려오는 통로이다

✦

해마다 크리스마스이브가 되면 아이들이 자는 침대의 머리맡에 양말을 걸어 놓는다. 그러면 산타클로스 할아버지가 선물을 그곳에 넣어 준다고 믿기에, 당연히 양말을 꼭 챙겨 두고 잠자리에 든다. 양말을 걸어 놓지 않는다면 선물도 없을 거란 불안감이 들었을 게 뻔하다. '은혜'라는 말은 '카리스마'로, 이 말의 의미는 '값없이 주는 선물'이라는 뜻이다. 하늘로부터 내려오는 이 선물의 통로는 다름 아닌 기도이다. 산타 할아버지로부터 선물을 받기 위해 양말을 걸어 놓고 자는 것처럼 기도로써 하나님의 은혜를 요청해야 한다.

신령한 하나님의 은혜는 세상 사람이 주는 선물과 다르다. 기도란 믿음을 전제로 한 행위이다. 주신다는 믿음이 없다면 선물도 없다. 즉 믿고 구하는 것은 주신다는 견고한 믿음이 있어야 한다. 그러나 기도하는 즉시 내려올 거라고 생각하는 사람들이 많다. 화급한 일인 경우에는 그럴 수도 있지만 대부분의 경우는 오랜 시간이 걸리는 게 보통이다. 기도의 응답이 오랜시간이 걸리는 이유는 하나님께서는 시간이 지나도 우리의 믿음이 변치 않고 있는지 보시고 응답을 주시기 때문이다. 충동적으로 구하거나 탐욕스럽게 구하는 것들은 시간이 지나도 응답이 없다면 더 이상 구하지 않게 된다. 그러나 정말 필요한 것이라면 시간에 상관없이 간절히 요청하게 된다. 특히 삶에 필요한 사항이 아니라 영적인 신앙에 필요한 은사나 능력이라면 더욱 그렇다.

하나님은 전지전능한 영이시기 때문에 우리가 필요한 것을 기도로 요청하지 않아도 이미 알고 계시며 구하지 않아도 넉넉하게 채워 주신다. 그러나 신앙이나 사역에 필요한 능력이나 은사는 견고한 믿음의 유무를 확인하고 주시기 때문에 오랜 시간이 걸린다고 보아야 한다. 그러므로 능력 있는 기도의 습관을 들여야 가능하다. 며칠이나 한두 달 기도하고 말거면 처음부터 구하지 않는 게 좋다. 그 정도 각오나 열정으로는 얻을 수 없다. 하나님은 우리의 생각과 동기, 속내나 목적을 훤하게 꿰뚫고 계시다. 신령한 은혜를 구하는 사람들은 그 목적이나 속내가 선해야 한다. 즉 하나님의 뜻에 합당하며 그분이 기뻐하는 목적이라야 한다. 자신의 욕구를 채우는 목적이 아니라면 시간이 좀 걸리더라도 개의치 않고 기도할 수 있겠지만 자신의 의를 드러내거나 드높은 종교심을 보여 주려는 목적이라면 느긋하게 기다리지 못한다. 그러므로 오랜 시간이 지나도 변함없이 기도할 수 있는 습관을 들이는 것이 중요하다. 그러나 우리 주변에는 일상의 삶에서 끊임없이 기도하는 영적인 습관을 들인 사람을 보는 게 회귀한 일이다. 그래서 신령한 은혜를 받은 사람이 드물다.

86

기도하지 않는 것이 죄이다

♦

사무엘은 기도를 쉬는 것을 죄라고 여기면서, 기도를 쉬는 죄를 범치 말게 해 달라는 기도를 했다고 성경에 기록되어 있다. 그 말씀을 읽으면서 참 특이한 발상이라는 느낌이 들었지만, 원래 성경에는 그런 말씀들이 워낙 많아 지나치곤 했다. 그러나 필자 부부가 영음으로 성령께서 주시는 말씀을 듣고 나서부터는 궁금했던 것이 많이 해소되었다. 성령께서 기도를 하지 않는 것이 죄라고 말씀하셨기 때문이다. 즉 사무엘이 기도를 쉬는 게 죄라고 밝힌 것은 자신의 생각이 아니라 하나님께서 그렇게 말씀하셨기 때문이다. 구약성경에는 모세에게 말씀하신 계명이나 율법을 지키지 않는 것이 죄라고 여겼기 때문에 율법에 언급이 없는 사무엘의 언급이 기이하게 여겨질 수 있었다.

그렇다면 왜 하나님께서는 기도하지 않는 것을 죄라고 말씀하셨을까? 죄란 헬라어로 *άμαρτία*(하마르티아)라는 단어로 '화살이 과녁에서 벗어났다'라는 뜻이다. 즉 성경적인 죄의 근본적인 개념은 하나님이 싫어하시는 모든 생각과 행위가 죄라는 것이다. 모세의 율법을 통해 밝힌 것은 사람마다 자의적으로 생각하거나 왜곡되게 적용할 수 있어서 기준을 세워

성경적인 기도 가이드

야 할 필요가 있어 율법으로 제정한 것이다. 그러나 이스라엘 백성들은 죄라는 근본적인 개념의 이해 없이 오직 율법에 규정된 행위를 지키는 데 급급했다. 예수께서 안식일에 병자를 고친 사건과 제자들이 밀 이삭을 비벼 먹은 행위를 방아를 찧는 행위로 여겨 율법을 어긴 행위로 단정하여 정죄한 이유도 그 때문이다.

　죄란 하나님이 싫어하는 생각이나 행위라는 본래의 개념에서 생각한다면 왜 기도를 하지 않는 행위가 죄인가를 아는 것도 어렵지 않다. 기도를 하지 않는 것은 하나님을 하나님으로 인정하지 않기 때문이며 하나님과 깊고 친밀하게 사귀는 행위를 소홀히 하는 것은 믿음이 없는 것을 드러내기 때문이다. 하나님이 가장 기뻐하는 것이 믿음일진대, 믿음이 없다면 당연히 하나님이 싫어하시는 것이어서 엄청난 죄에 해당된다. 그렇지만 대부분의 크리스천은 기도를 하지 않은 것에 대해 죄송스런 감정을 가지고 있기는 하지만 죄라고 여기지는 않는다. 그러나 주일날 예배의식에 참여하지 못하면 엄청난 죄를 지었다고 생각하며 죄책감에 시달리는 것은 참 아이러니한 일이다. 하나님이 기뻐하시는 예배 행위는 일상에서 살아 있는 제물이 되는 게 기본이 되어야지, 한 시간짜리 예배의식에 참여했다고 해서 하나님이 받으시는 예배가 되는 것은 아니다. 평일에 예배의 삶을 살지 않는 사람들이 주일의 예배의식에 온전히 하나님을 경배하고 찬양하고 감사하는 예배를 드린다는 것은 아이러니한 일이기 때문이다.

기도는 모든 것의 열쇠이다

✦

사람들이 기도를 하는 이유는, 세상에는 사람의 힘으로 할 수 없는 것들이 너무 많기 때문이다. 사람은 연약하고 부족한 인간에 불과하다. 인간을 창조하신 하나님은 전지전능하신 분이며 당신이 만든 인간들을 너무 사랑하셔서 그들이 요청하는 것들을 다 들어주고 싶어 하신다. 그래서 요청하는 행위를 기도라고 부른다. 기도란 전지전능한 하나님의 능력을 요청하는 유일한 통로이다. 물론 모든 요청을 다 들어주시는 것은 아니지만 탐욕과 정욕에 사용하려는 것이 아닌 모든 요청은 다 들어주신다고 성경에 약속하셨다. 이러한 약속을 믿는 믿음만 있다면 누구나 기도를 통해 소원을 이룰 수 있다. 그러나 안타깝게도 우리는 이 믿음이 부족하다. 왜냐면 하나님은 영적인 존재라 눈에 보이지 않기에, 믿음이 있어야 그 존재감을 알 수 있으며 확신 있는 기도를 할 수 있다. 확신에 찬 기도를 변치 않고 할 수 있다면 구하는 모든 것을 받아 누릴 수 있다.

그러나 아쉽게도 수많은 크리스천이 확신에 찬 기도를 하지 않으며 능력 있는 기도의 경지에 이르지 못한다. 아주 소수에 불과한 이들만이 성경에 기록된 하나님의 능력을 체험한다. 사람들이 깨닫든지 그렇지 않든지 간에 기도란 모든 문제를 해결할 수 있는 마스터키이다. 어떤 악성 문제라도 명쾌하게 풀 수 있는 최상의 솔루션이다. 그러나 대부분의 사람들은 해결이 되기 전에 실망스러워 중도에 포기하고 만다. 기도의 거장이란 끝까지 포기하지 않고 기도하는 사람을 일컫는 명칭이다. 기도를 시작하면 하나님은 듣고 계시다. 하나님이 듣고 계시는 것과 응답이 오는 것은 별개의 문제이다. 응답이 오는 시간은 하나님의 절대 주권이기에 아무도 때를 알 수 없다. 그러나 분명한 것은 응답이 오지 않는 기도는 없다는 것이다. 그래서 절대 포기하지 않는 참고 견디는 인내의 경지에 오른 사람들만이 응답을 받고 문제를 해결하는 것이다. 적지 않은 사람들은 한두 달 혹은 일 년이 채 못 되어 기도의 끈을 놓고 만다. 끝까지 포기하지 않고 견디는 능력을 하나님은 믿음이라고 부르신다. 누가복음에 나오는 불의한 재판관을 찾아간 가난한 과부의 이야기를 알고 있을 것이다. 그 과부가 불의한 재판관으로부터 소원을 이룬 능력은 참고 견디는 인내심이었다. 그런데 그 비유의 마지막에, 예수께서는 인자가 세상에 다시 올 때 믿음을 보겠느냐는 독백으로 끝을 맺는다. 기도가 응답될 때까지 포기하지 않고 확신에 찬 기도를 지속할 수 있는 믿음을 가진 자가 극히 드물 거라는 예언이다. 아쉽게도, 그 예언은 꼭 들어맞아 세상에는 모든 기도의 응답을 경험하는 사람이 거의 없다. 우리가 마주한 상황이 부정적일지라도 기도의 능력이 사그라진 게 아니다. 여전히 기도는 모든 문제를 해결할 수 있는 마스터키로 남아 있다.

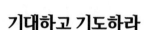

88

기대하고 기도하라

◆

　성경에는 믿고 구하는 것은 받은 줄로 믿으라는 말씀이 있다. 이 말을 달리 표현하면 기대하고 기도하는 것은 다 받을 것이라는 뜻이다. 교회마다 기도하는 사람들이 적지 않다. 그러나 응답을 경험하는 일은 어렵다. 그 이유는 여러 가지겠지만 기대하고 기도하지 않기 때문이다. 기도하는 행위에 만족하고 스스로 위로한다. '기도했으니까 응답이 오겠지'라고 생각하는 것을 믿음이라고 여기고 있는 듯하다. 그래서 응답이 오지 않으면 희생의 강도를 더하기 일쑤이다. 새벽기도회에 참석할 것을 작정하고, 작정일수를 늘리거나 헌금을 추가하고, 그것도 성에 차지 않으면 기도원에 올라가 금식을 선포한다. 지성이면 감천이라는 세상의 격언이 성경보다 더 능력이 있다고 믿는 모양이다. 희생적인 기도 행위가 응답이 내려오는 비결이 아니라 믿음을 동반한 기도가 응답이 오는 것이다. 믿음이란 다른 게 아니다. 기도하는 내용대로 이루어질 것을 믿는 것이다. 그러나 많은 사람들이 기대감이 없이 매너리즘에 젖은 채 기도하곤 한다. 기도 행위에 만족하는 것이다. 새벽기도회에 나가 기도했으니까, 심야기도회에 참석하여 기도했으니까 혹은 기도원에서 금식하며 기도한 행위를 믿고 의지한다. 그러나 중요한 것은 기도 행위가 아니라 기도자의 믿음이다. 믿고 기도해야 하는 것이다.

　견고한 믿음의 기도를 오랫동안 유지하여야 하는 것이 응답이 오는 비결이다. 많은 기도는 응답이 오는 데 오랜 기간을 필요로 한다. 그러나 기도는 하지만 환경은 부정적인 경우도 허다하다. 아무리 기도해도 환경이 열릴 기미를 보이지 않는다면 믿음이 식는 것이다. 중도에 기도를 포기하는 이도 있고, 설령 기도 행위를 반복하고 있더라도 이루어진다는 믿음이 없이 기도하는 경우도 적지 않다. 기도를 시작할 때 견고한 믿음을 동반했던 것처럼 오랜 기간이 지나도 변치 않는 기대를 가지고 있어야 한다. 믿음의 또 다른 말은 기대감이기 때문이다. 아무리 기도해도 주변 환경이 풀리지 않고 될 것 같은 기미가 전혀 없더라도 기대감을 잃지 않고 기도해야 한다. 기도하는 사람들은 환경을 바라보지 않고 주변 사람들의 부정적인 말들을 귀담아 듣지 않아야 한다. 믿음이 없는 사람들은 자신의 경험에 의지하지만 하나님의 백성들은 하나님의 약속을 의지해야 한다. 그래서 오랜 시간이 지나도 기대감이 변치 않는 기도를 할 수 있어야 하는 것이다.

　기도하는 것에 만족하지 말고 믿음이 있는 기도를 할 수 있어야 한다. 그러나 말처럼 쉽지만은 않다. 기도를 하다 보면 기도를 방해하는 온갖 사건들이 터지고 실망과 좌절을 안겨 주는 일들이 허다하게 일어난다. 기대하고 기도하는 것은 자신과의 싸움이 되는 까닭이다. 그러나 너무 실망할 필요는 없다. 녹록치 않은 일이기는 해도 우리의 형편과 연약함을 잘 아는 성령께서 도와주시기 때문이다. 그러므로 성령이 내주하는 기도를 유지할 수 있다면 기대감이 식지 않는 믿음의 기도 역시 어렵지 않다.

89

기도의 샘을 파라

◆

　요즘은 가정에까지 수도가 들어와 있어서 샘이라는 단어가 낯설게 느껴지기도 하지만 수도가 없었던 시대에 샘은 집터를 결정하는 절대적인 조건이었다. 물이 없으면 살 수 없기 때문이다. 그래서 마을의 입지 조건은 강이나 시내가 있는 곳이어야만 했고 집 가까운 곳에는 언제나 물을 공급해 주는 곳이 있어야 했다. 그러나 집 가까운 곳에 언제나 강이나 시내가 있는 환경은 어려운 일이다. 그래서 사람들은 물을 얻기 위해 샘을 팠다. 그러나 샘을 판다고 항상 물이 솟아나는 것은 아니다. 물이 나올 만한 곳을 골라 파도 성공하는 것은 늘 어려운 일이었다. 설령 물이 나는 샘을 파는 데 성공했다 하더라도 물이 마르는 경우도 허다했다. 그래서 사람들은 생존하기 위해 평생 샘을 파는 일을 계속해야 했다.

　기도도 마찬가지이다. 기도란 날마다 틈만 나면 끊임없이 시도해야 한다. 샘을 파는 일처럼 말이다. 샘이 없다는 것은 죽음을 의미한다. 그런 것처럼 기도를 잊고 있다면 영혼이 죽는 것이다. 그러나 안타깝게도 육체의 건강에 대해서는 지대한 관심을 보이고 있어도 영혼의 상태에 대해서는 무지한 이들이 너무 많다. 마음이 건조하고 허전하고 냉랭해도 영혼이 아픈지를 모른다. 각종 중독에 빠져 있거나 탐욕으로 인해 영혼이 병들어도 감지하지 못한다. 우리의 영혼은 항상 즐겁고 평안해야 건강하다는 증거이며 그렇지 않다면 문제가 있는 것이다. 병들거나 아프거나 죽어 가는 영혼을 살리는 길은 하나님의 영과 깊고 친밀하게 교제하는 것이다. 그리고 그 통로가 기도이다. 사람은 하나님께 영광을 돌리고 찬송을 드리도록 창조되었다. 하나님의 성품을 닮아 지어진 이유이다. 그래서 하나님과의 관계가 끊어지면 영혼이 시들고 병들고 급기야 죽고 만다. 영혼이 싱싱하게 살아 있으려면 하나님으로부터 생명력을 공급받아야 한다. 그 통로가 바로 기도이며 틈만 나면 기도를 시도하고, 깊은 기도에 들어가는 것이 끊임없이 생수를 공급받는 비결이다.

기도란 자기를 죽이는 것이다

✦

사도바울은 자기가 약한 데서 강해진다는 역설적인 말을 했다. 그래서 날마다 죽는다는 의미심장한 발언도 서슴지 않았다. 자기가 죽어야 비로소 하나님의 뜻을 좇아 살아갈 수 있다. 자신의 욕구는 육체가 추구하는 욕망을 채우는 것이지만, 자신 안에 내주하는 성령의 인도는 하나님의 뜻을 따라 사는 것이다. 그래서 이 두 가지 세력은 자신의 몸 안에서 날마다 질기고 질긴 싸움을 계속 벌이고 있는 것이다. 그래서 사도바울은 자신은 곤고한 존재임을 고백하며 사망의 몸에서 건져 줄 것을 학수고대한 이유이기도하다.

성령이 없는 세상 사람이거나 교회에 규칙적으로 출석하더라도 성령에 무지한 크리스천들은 자신이 추구하는 삶을 살아간다. 그들의 삶의 목표는 세상에서 부자가 되고 성공을 하며 자신이 원하는 삶을 이루는 것이다. 그런 사람인지 아는 것은 어렵지 않다. 그들의 기도를 들어 보면 알 수 있다. 기도를 시작하기 무섭게 지상적이고 현세적인 복만을 주야장천 외치는 사람이라면 신앙의 연륜이나 교회의 직책에 상관없이 육체적인 사람임이 틀림없다. 그러나 성령이 내주하는 예수님의 제자라면 자신의 욕망이 아니라 하나님의 뜻을 구하는 기도를 한다. 그래서 예수님은 제자가 되는 조건으로 자기를 부인하고 날마다 자기십자가를 지고 따르라고 하였으며 당신보다 자기 목숨을 더욱 사랑하는 사람은 제자에 합당하지 않다고까지 말씀하셨다. 사람에게 목숨보다 소중한 것은 없다. 그런데 그 목숨을 기꺼이 내놓아야 제자의 자격이 있다고 하셨으니, 제자가되는 일이 보통 어려운 것이 아니다.

그렇다면 도대체 누가 진정한 제자가 될 수 있겠는가? 이러한 질문은 우리만 한 것이 아니다. 예수님의 제자들도 그런 질문을 했다. 예수께서 부자가 천국에 들어가는 것이 낙타가 바늘귀로 들어가는 것보다 더욱 어렵다고 했을 때, 그렇다면 도대체 누가 천국에 들어갈 수 있겠는가 하며 절망에 가까운 토로를 내뱉었다. 그때 예수께서는 사람은 할 수 없으되 하나님은 할 수 있다고 하시며 더 이상의 의문을 종식시켰다. 이 언급은 우리에게 소중한 단서를 제공한다. 세상을 이기는 능력의 원천이 바로 하나님임을 깨닫게 하신 것이다.

다시 처음으로 돌아가서, 육체를 지닌 인간으로서 육체의 욕구를 제어하며 하나님의 뜻을 좇아 사는 것은 보통 어려운 게 아니지만 성령이 내주하셔서 자기를 죽이는 능력을 보유하게 하시면 가능한 일이다. 즉 내 안에서 성령이 활발하게 활동하시면 내 능력이 아니라 하나님의 능력으로 살아갈 수 있게 된다. 그게 바로 기도의 힘이다. 기도란 자기를 죽이는 능력을 공급받는 통로인 셈이다. 기도를 통해 성령께서 자신을 다스리는 상태를 항상 유지하게 하는 것이다. 기도를 해도 하나님의 뜻이 아니라 여전히 육체의 욕구대로 살아가는 이가 있다면 성령이 내주하시는 기도가 아니라 형식적인 기도를 하기 때문이다. 많은 크리스천들이 신앙의 연륜이 오래되어도 성품이 거룩하게 변화되지 않고 인생관이 하나님의 뜻으로 향하지 않는다. 여전히 부족한 성품인 채 살아가며 세속적인 인생관이 변함없다. 성령이 다스리는 사람들은 성품이 변화되고 인생관이 바뀌며 신앙의 능력이 있고 삶에 힘이 있다. 그 증거로 자기가 죽고 그 자리에 성령이 다스리시는 성전이 있음을 실제적으로 체험한다. 이렇게 성령이 내주하시는 기도는 자기를 죽게 한다. 자기가 죽어야 비로소 예수님의 제자가 될 수 있다. 자기를 부인하고 자기 십자가를 지고 자기 목숨을 기꺼이 내놓을 수 있는 경지에 오르게 되는 것이다.

성경적인 기도 가이드

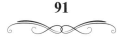

91

기도란 고난 속에서 주인을 되찾는 것이다

♦

기도란 취미생활이 아니다. 시간이 나면 게임 사이트를 찾는 이들처럼 재미로 기도하는 사람은 없다. 정확하게 말하자면 기도는 정신노동이다. 정신을 집중시켜야 하기 때문이다. 그러나 이런 기도의 대가로 돈이 통장으로 입금되는 것이 아니기에 기도의 필요성을 절감하는 사람들만 기도하게 된다. 즉 기도란 자기와의 싸움이다. 육체란 편한 것, 육체적인 쾌락을 얻는 것을 추구하게 되지만, 기도란 영적인 기쁨을 추구하고 영적인 열매를 얻는 것이기에 육체를 대항하는 싸움에서 이기는 자들만이 깊은 기도를 하게 된다. 그러나 처음부터 이런 기도를 하는 사람은 없다. 고난과 환란 속에서 비로소 하나님의 존재를 깨닫고 그분의 도움을 절감하기에 기도를 시작하게 되는 것이다.

고난이 오게 되는 이유는 죄를 추구하는 속성인 죄성(罪性)에 있다. 성경에서 말하는 죄는 하나님이 싫어하는 마음이나 행위를 말하며, 탐욕, 방탕, 교만, 조급함, 술 취함, 미움, 음란, 분열, 질투 등의 악한 마음이나 행위를 구체적으로 열거하고 있다. 이 같은 생각이나 행위는 하나님이 싫어하시는 것이며 하나님의 명령을 배반한 아담 이후로 인간에게 들어왔다고 성경은 말하고 있다. 이 같은 죄성이 지배하는 사람들은 하나님으로부터 관계가 끊겨 있기에 온갖 시험에 빠질 위험에 노출되어 있다. 또한 죄성이 지배하는 사람들은 악한 영의 표적이 된다. 악한 영이 이러한 사람의 생각에 침투하여 공격하고 지배하여 정신과 육체를 피폐하게 하고 가정을 파괴하며 결국 삶을 무너뜨리고 영혼을 사냥하는 것이다. 이러한 과정에서 고난이 가중되며 고통이 배가 된다. 이러한 상태가 되었을 때 많은 사람들이 자신의 무력함을 시인하고 하나님이 자신의 주인임을 인정하며 기도를 하게 되는 것이다. 결국 기도란 고난 속에서 잃어버린 주인을 되찾는 행위가 되는 것이다. 고난이 온다고 전부 하나님을 찾아 도움을 요청하는 것은 아니지만, 많은 사람들이 고난을 통해 하나님을 만나게 된다. 그래서 다윗은 고난이 유익이라고 시편에서 고백하였던 이유이다. 고난이 오기 전에는 자신의 주인이 자기라고 알고 있었지만 고난을 통해 자신의 주인은 무력하고 불완전한 자기 자신이 아니라 전지전능한 하나님의 존재를 인정하며 자신의 정체성을 깨닫게 되는 것이다.

성경적인 기도 가이드

92

기도하지 않는 종은 거만한 종이다

✦

종(從)이란 노예의 또 다른 명칭으로 주인의 뜻을 따른다는 한자어이다. 고대사회에서 노예는 상품으로 여겨서 주인의 마음대로 사고팔 수 있었으며, 때리며 학대하는 일은 다반사였고 심지어는 죽여도 상관하지 않았다. 주인의 소유였기 때문이다. 그나마 온화한 주인을 만난 종들은 행운이었지만 그렇지 않은 대다수의 종들은 주인을 두려워했다. 종의 덕목은 절대 복종이었다. 개중에 주인에게 대들거나 반항하는 종들이 있다면 본보기로 죽도록 맞거나 굶겨 죽였다. 거만한 종은 상상할 수 없었다.

교회에 오면 크리스천은 전부 하나님의 백성이며, 자신들은 하나님을 주인으로 모시는 종으로 고백하고 있다. 특별히 목회자들이 종이라는 호칭을 즐겨 사용하기도 하지만 목회자만 종은 아니다. 크리스천이 즐겨 사용하는 하나님이나 예수님 앞에 붙이는 호칭인 주(主)라는 말은 주인(主人)이라는 뜻이다. 그렇다면 모든 종들은 주인의 뜻을 잘 알아야 그 뜻대로 복종할 수 있다. 세상의 주인들은 말로 자신의 뜻을 전달하지만, 우리의 주인이신 하나님은 영이시기 때문에 자신의 뜻을 성경에 기록하여 나타내셨으며 기도를 통해 깨닫게 해 주신다. 그러므로 하나님의 뜻을 잘 알려면 끊임없이 기도로써 깊고 친밀한 교제를 나누어야 한다. 그러나 기도하지 않는 종은 하나님의 뜻에 대해 알고 싶지 않은 종이 틀림없다. 종의 신분으로 주인의 뜻을 알려고 하지 않는 것은 주인을 주인으로 인정하지 않는 거만한 종이다. 그들은 하나님의 뜻이 아닌 자신의 욕구대로 살아간다. 교회에 오면 입으로는 종이라고 고백하지만 일상의 삶에서의 진짜 주인은 자기 자신이다. 거만한 종은 주인의 처벌을 받게 되어 있다. 그 처벌은 심판의 날에 일어나며 그 영혼의 행선지가 지옥으로 정해질 것이다.

93

기도가 시험을 이기는 능력이다

◆

    예수님은 제자들에게 가르쳐 준 주기도문에서 시험에 들어가게 하지 말라는 내용이 들어 있다. 시험이라는 단어는 환란이나 고난을 뜻한다. 시험에 들고 싶은 사람은 없다. 누구나 회피하고 싶지만 시험에서 자유로운 사람은 없다. 시험의 원인은 죄성(罪性)에서 기인하기 때문에 육체를 지닌 인간은 시험에 빠질 수밖에 없다. 시험에 들어가게 하지 말라는 기도가 필요한 이유이다. 예수께서 시험에 든 자녀들의 고통을 지켜보는 게 괴로웠을 것이 틀림없다. 그럼에도 수많은 자녀들이 무지와 어리석음으로 시험에 빠지고 있는 게 우리가 마주한 현실이다.

    시험에 들어가지 말게 해 달라는 것도 기도의 주요한 내용이지만 시험에 빠진 사람은 고난을 이길 힘이 필요하다. 인생의 고비에서 겪게 되는 불행한 사건은 살아갈 동력을 잃게 하며 희망을 앗아 간다. 이때 필요한 게 기도이다. 시험에 들지 않게 되는 게 최상이지만, 피치 못하게 시험에 들었다 하더라도 자신의 불행을 한탄하고 눈물의 밤을 지새우는 것에 그친다면 고통만 더할 뿐이다. 기도를 하는 이유는 자신이 해결할 수 없기 때문에 인생의 해결사이신 하나님께 도움을 요청하는 것이다. 결국 기도가 시험을 이길 수 있는 능력이 되는 것이다. 기도하지 않는 세상 사람들과 비교한다면 기도할 수 있다는 게 얼마나 큰 축복인가? 그렇지만 아쉽게도 이런 축복에 무지한 크리스천도 적지 않다. 평안한 삶을 영위하고 있다면 시험에 들지 말게 해 달라는 기도로써 불행을 미연에 방지하고 불의한 일로 시험에 빠졌다 하더라도 기도를 통해 극복할 수 있는 해결책을 가지고 있다면 아무런 걱정 없이 인생을 살아갈 수 있다. 하나님의 자녀가 된다는 것은 이렇게 든든하고 평안한 일이다.

94

기도가 인내이고 인내가 기도이다

♦

　기도를 하는 사람은 적지 않지만 기도의 열매를 얻는 사람은 드물다. 그 이유는 기도를 시작하면 응답이 올 때까지 참고 기다리지 못하기 때문이다. 평생 오만 번의 기도응답을 받았다는 영국의 목회자인 죠지 뮬러조차 어떤 사람의 구원을 위한 기도에는 수십 년 걸렸다는 고백을 한 적이 있다. 기도를 하는 것은 우리의 몫이지만 응답해 주는 것은 하나님의 선택이다. 우리는 기도하는 즉시 응답이 오기를 소원하지만 하나님의 생각은 우리와 다르다. 하나님은 최상의 시간에 응답해 주시기를 원하신다. 결국 우리는 응답이 오는 때를 알지 못하기 때문에 응답이 올 때까지 포기하지 않고 기도를 하는 수밖에 없다.

　간단한 기도는 비교적 응답도 빨리 온다. 감기를 낫는 기도를 했다면 적어도 일주일 안에 응답이 올 것이다. 직장을 얻는 기도를 하고 있다면 1년 안에 응답이 올 확률이 높다. 그러나 결혼이나 배우자를 위한 기도를 하고 있다면 3~4년이 걸리는 경우도 허다하다. 가족들의 영혼 구원을 위한 기도는 수십 년 걸리는 경우도 적지 않다. 이렇듯 기도의 사안에 따라 응답이 오는 게 다르다. 평소에 규칙적으로 기도를 하지 않던 크리스천이라도 인생의 고난이 닥쳐오고 커다란 문제가 생기면 기도를 시작한다. 그러나 이러한 사안은 중대한 문제이기에 기도응답이 오는 기간 역시 오래 걸린다. 그러나 평소에 기도훈련이 되어 있지 않은 사람이라면 응답이 더디 오는 것에 조급해하며 중도에 포기하기 일쑤이다. 그래서 많은 사람들이 기도를 시도하지만 열매를 맺지 못하는 이유이다. 기도훈련이 되어 있는 사람이라면 응답이 더디 오는 것에 개의치 않고 끈기를 가지고 기도한다.

사실 초보 기도자나 능숙한 기도자나 마찬가지로 언제 기도의 응답이 올지 알지 못한다. 그러나 기도에 단련된 사람은 인내를 가지고 기도하기에 기도하는 것마다 응답을 경험한다. 응답받은 경험은 또 다른 문제가 닥쳐와도 끈기 있게 기도할 수 있는 동력을 얻는다. 이러한 경험이 많이 쌓인 사람이 기도의 달인이 되는 것이다. 결국 기도란 인내와의 싸움이고 인내에 능숙한 사람이 기도를 잘하게 되는 것이다. 응답이 언제 올지 모르는 상황에서 끈기 있는 기도를 할 수 있으려면 견고한 믿음이 필요하다. 믿음이란 눈에 보이지 않지만 하나님이 도와주신다는 약속을 끝까지 붙드는 인내심으로 판가름 나는 것이다. 결국 기도의 끈을 놓지 않는 사람은 어떤 기도이든지 응답을 경험하게 된다. 예수님께서 믿고 기도하는 것은 얻게 되리라고 말씀하신 이유이다.

기도가 수고의 짐을 더는 것이다

◆

필자의 제자 중에 한 사람이 최근 자영업을 시작하였다. 직장생활만 하다가 처음으로 자영업을 시작한 탓인지 긴장도 많이 하고 걱정도 많이 하는 편이다. 그러나 요즘 불황에 베테랑들도 어려움을 겪는 마당에 초보자가 잘되는 걸 바라는 것은 힘든 일이다. 사업은 적자를 면치 못하게 되었으며 시간이 지날수록 주름살도 늘어 갔다. 사업을 시작할 때는 의욕적으로 기도를 하였지만 적자가 쌓이자 시험에 들어 기도도 중도에 포기하였다. 기도를 통해 사업을 성공적으로 이끈다는 기대를 접는 대신 자신의 노력과 지혜로 사업을 일으키려는 노력에는 박차를 가하였다. 책과 인터넷으로 정보도 얻고 다양한 동호회에 가입하여 사람들과 교류하면서 인맥도 넓히고 점포 홍보에도 열을 올렸다.

사실 크리스천이라고 자신이 해야 할 일을 등한시하면서 예배나 봉사, 전도, 헌금 등의 희생적인 신앙 행위만을 열정적으로 한다면 하나님이 사업이나 직장을 성공적으로 이끌어 주실 거라는 생각을 하는 사람도 적지 않다. 그런 발상의 잣대는 일부 목회자들의 비성경적인 가르침의 탓도 크다. 그러나 사람이 해야 할 일조차 하나님이 대신해 주는 것은 아니다.

그래서 학생이라면 기도도 간절하게 해야겠지만 공부도 열심히 해야 자신이 원하는 상급학교에 진학할 수 있듯이, 직장인이나 자영업자들도 마찬가지로 자신이 할 일도 성실하게 하고 기도로써 하나님의 도우심을 바라야 할 것이다. 그러나 아쉽게도 삶과 신앙과의 균형을 갖지 못하고 어느 한쪽에 기울여 낭패를 보는 크리스천들이 우리 주변에는 너무 많다.

이른 아침의 새벽기도회에 나오느라 잠이 부족해 직장에서 꾸벅꾸벅 조는 직원을 좋게 보는 상사는 없다. 수요예배에 나가야 한다고 일을 쌓아 둔 채 정시 퇴근을 하는 직원을 인정하는 경영자들도 없다. 아마 그렇게 한다면 해고 1순위가 될 것이다. 새벽기도회에 나오더라도 졸지 않으려면 일찍 잠자리에 들어야 할 것이며 수요예배에 참석하려면 다른 사람보다 더욱 열심히 근무해서 자신의 할 일을 다 마쳐야 할 것이다. 그리고 기도로써 하나님께 간절히 구한다면 풍성한 열매를 맺을 것이다. 왜냐하면 사람이 아무리 최선을 다하더라도 결과는 장담할 수 없기 때문이다. 막강한 제도 속에서 개인은 연약한 존재에 불과하고 변화무쌍한 금융환경 속에서 미래를 예측하여 대비하는 것은 불가능한 일이기 때문이다. 그래서 자신이 할 일을 최선을 다한 후에 전지전능한 하나님의 도움을 기도로써 요청해야 하는 것이다.

사람은 연약하고 부족한 존재이기에 아무리 최선을 다해 준비하고 열성을 다해 노력했다고 하더라도 낭패를 당하는 일은 수도 없이 많다. 그래서 기도란 사람의 수고를 덜어 주는 최상의 솔루션이다. 학생이라면 열심히 공부를 하면서 간절히 기도한다면 하나님께서 지혜와 총명을 주셔서 탁월한 성적을 얻게 해 주실 것이며 직장인이나 사업가라면 성실하게 업무에 열성을 다하면서 간절히 기도해서 전지전능한 하나님의 도우심을 요청한다면 사람을 붙여 주시고 환경을 열어 주셔서 풍성한 열매를 맺게 해 주실 것이다. 그러나 이러한 태도는 견고한 믿음이 있어야 가능한 일이다. 적지 않은 크리스천들은 하나님과 깊고 친밀한 교제가 없기에 믿음이 희미하고 모호하다. 그래서 세상 사람과 다름없이 인간적인 지혜와 세상의 방법으로 업무를 하고 사업을 진행한다. 그러나 이들은 나름대로 희생적인 신앙 행위도 하고 있기에 두 가지를 병행하는 것에 대한 피로감을 느끼고 있다. 최선을 다한다고 항상 좋은 결과를 맺는 게 아니다. 그것은 세상에서 말하는 방식인지는 모르지만 성경의 방식은 기도로써 하나님의 도움을 요청하면서도 자신의 일을 성실하게 하는 것이다.

마가 다락방의 기도를 유지하라

예수님께서 승천하시면서 제자들에게 예루살렘을 떠나지 말고 성령세례를 받으라는 하나님의 약속을 기다리라고 하셨을 때, 사도들과 120여 명의 제자들은 마가요한의 다락방에 올라가서 기도하기 시작했다. 거기에서 그들은 오직 기도에만 전념했다. 많은 날이 지나지 않아 그들은 성령이 내려오는 놀라운 체험을 하였다. 성령의 능력으로 그들은 예수님처럼 귀신을 쫓아내고 질병을 고쳤다. 그러자 수많은 유대인들이 교회로 몰려들었다. 한 번 설교에 3000명씩 개종을 할 정도였으니 초대교회의 열기를 상상하기 어렵다. 사도들은 새로 입교한 교인들에게 자신들이 마가의 다락방에서 했던 그대로 기도에 전념하는 기도방식을 가르쳤다. 그러자 놀랍게도 그들에게도 사도들에게 내렸던 성령의 역사가 동일하게 일어났다.

그러나 아쉽게도 우리네 교회에서는 초대교회의 성령의 역사를 체험하지 못한다. 이를 두고 분분한 해석이 있다. 어떤 학자들은 초대교회의 성령의 역사는 AD 2세기에 이미 종료되었다고 주장하는데 이들의 학설을 따르는 교단과 목회자들이 적지 않다. 성경의 기록대로 이 시대에도 동일하게 성령의 역사가 일어난다고 주장하는 이들도 있지만 그들의 주장이 입증되려면 초대교회의 성령의 역사를 보여 주어야 하는 딜레마를 안고 있어 곤혹스러워 한다. 성경은 하나님이 과거 성경의 인물들의 하나님이실 뿐만 아니라 현재 우리들의 하나님이라고 말씀하시고 있다. 그 말씀의 의미는 과거와 동일하게 현재에도 능력을 보여 주신다는 뜻임이 틀림없다.

문제는 성경의 기록을 현재에도 동일하게 입증하는 것이 어렵다는 것이다. 많은 크리스천들이 열심히 기도하는데도 왜 초대교회와 같은 성령의 역사가 일어나지 않는 것일까? 그 해답을 아는 것은 그리 어렵지 않다. 초대교회와 같이 전심으로 기도하지 않기 때문이다. 초대교회에서의 기도방식은 마가의 다락방에서 성령세례를 받은 그대로 기도에 전념했다. 오직, 간절히, 전심으로 성령의 역사가 일어날 때까지 기도했다. 그러나 작금의 우리네 교회에서는 그렇게 기도하지 않는다. 새벽기도회에서 20~30분간 기도하거나 아님 부흥회나 예배 후 기도시간에 길어야 한두 시간 기도하는 게 고작이다. 또한 기도원에 올라가 금식하며 기도하며 희생적인 기도 행위를 보이지만, 온몸과 정신을 몰두하여 전심으로 기도하는 초대교회의 기도방식을 따라하지 않는다. 말하자면 형식에 그치는 게 전부인 기도일 뿐이다.

이렇게 단호하게 말하는 이유는 필자가 기도훈련을 시작할 때 마가의 다락방에서처럼 기도방식을 따라 하기 시작했을 때 성령이 내주하는 능력을 체험했기 때문이다. 마가의 다락방에서의 기도방식은 성령이 내려올 때까지 전심으로 기도하는 태도를 말한다. 그러나 우리는 그런 기도방식을 따라 하지 않는다. 형식적으로 기도하는 모습을 보일 뿐이다. 성령이 내주하는 기도는 기도에 몰입해야 가능하다. 성령이 내주하지 않는다면 오직 기도에만 전념하는 태도를 보이지 않기 때문이다. 초대교회에서 일어났던 성령세례는 지금도 동일하게 일어난다. 그렇게 하려면 사도들이 마가의 다락방에서 시행했던 기도의 태도를 지금도 보여 주어야 한다.

성경적인 기도 가이드

97

기도할 때마다 회개하라

✦

세례요한이 공적인 사역을 시작하면서 외친 말은 "회개하라, 천국이 가까웠느니라"였다. 회개라는 말은 자신의 죄를 고백하고 하나님께 용서해 달라고 요청하는 것이다. 회개를 하려면 자신의 죄가 무엇인지, 그 죄가 얼마나 무거운지를 깊이 깨닫고 인정해야 한다. 그러나 말로는 죄인이라고 고백하면서 마음속으로는 자신의 죄를 인정하지 않는다면 회개할 수가 없다. 성경은, 사람들은 예외 없이 하나님 앞에 설 수 없는 죄인이기에, 예수 그리스도께서 십자가의 희생으로 죗값을 대신 치러 하나님과 화목할 수 있게 되었다고 말하고 있다. 예수를 믿고 용서함을 받아 하나님의 백성이 되었다고 하더라도 죄를 추구하려는 속성이 죄성(罪性)조차 사라진 것은 아니기에 원치 않지만 의지가 부족하고 육체가 연약하여 하나님이 싫어하시는 죄를 밥 먹듯이 짓고 있다. 그래서 기도를 시작하면 회개를 빼먹지 말아야 한다. 물론 자신의 죄를 깨닫고 깊이 회개하는 경우도 있지만, 부지불식간에 죄를 지어 자신의 죄를 깨닫지 못하는 경우도 적지 않다.

죄를 회개하지 않고 기도하면 죄 때문에 기도가 막혀 있기에 하나님께

상달되지 않는다. 그런 경우에는 아무리 열정적으로 기도해도 아무런 응답이 없다. 기도의 능력도 나타나지도 않는다. 그러므로 기도를 할 때면 항상 회개기도를 빼놓지 않고 해야 한다. 예수님께서 가르치신 주기도문에는, '우리에게 죄지은 자를 용서하여 주는 것처럼 우리의 죄를 용서해 달라'라는 대목이 있다. 이는 우리의 죄를 용서해 달라고 요청하는 동시에, 자신에게 죄를 지은 사람의 죄까지 용서해 주어야 한다는 조건을 붙이고 있다. 이는 용서가 사랑의 최고의 행위이기 때문이며, 하나님의 사랑을 요청하려면 자신도 다른 사람에게 동일한 사랑을 베풀어야 한다는 의미가 담겨 있다. 어쨌든 자신의 죄를 용서받아야 하나님의 도우심을 얻을 수 있다. 그러기 위해서는 기도할 때마다 회개기도를 해야 한다. 특히 아무리 오래 기도해도 응답이 없다면 회개기도를 철저히 했는지 돌이켜 보아야 한다. 언젠가 필자의 제자 중에서 자신에게 들어간 귀신을 쫓아낼 때 아무리 기도해도 끄떡하지 않은 적이 있었다. 그래서 그 제자는 집에 가서 잠들기 전에 눈물을 쏟으며 철저하게 회개하였다고 한다. 그러자 아침에 되자 귀신들이 온데간데없이 사라졌다는 고백을 한 적이 있다. 이처럼 회개는 하나님의 능력과 도우심을 불러오는 최고의 조건이다.

성경적인 기도 가이드

98

찬양하고 감사하고 경배하라

♦

　기도란 헬라어로 προσευχῆ(프뤼시케)이다. 이 프뤼시케는 찬양과 회개, 감사와 경배 그리고 요청과 중보기도가 포함되어 있다. 그러나 우리 대부분은 기도를 시작하면 하나님께 요청하는 기도인 δεήσις(데시스)와 중보기도인 ἐντεύξις(엔튁시스)만 하다가 끝내기 일쑤이다. 그러나 기도의 본질은 하나님을 찬양하고 기도하는 것이다. 다윗이 지은 시편은 그의 기도목록이다. 그 기도목록의 대부분이 찬양과 경배 그리고 감사로 채워져 있지 않은가? 하나님은 우리를 지으신 목적이 찬양받기 위해서이다. (사 43:21) 그런데 하나님과 교제하는 수단인 기도를 하면서도 찬양과 경배를 하지 않는다면, 이는 기도의 목적에서 벗어나도 한참 벗어나 있다는 증거이다. 사실 자신이 바라는 기도목록이 죄다 응답을 받으려면 먼저 하나님이 그 기도를 기뻐하셔야 할 것이다. 그런데 기도를 시작하자마자 욕심껏 얻어 내려는 기도를 기뻐하실 리가 없다. 하나님을 기쁘시게 하려면 기도목록을 경쟁적으로 외치기 이전에 찬양하고 감사하고 경배하여야 할 것이다.

　필자는 아침과 잠자리에 들기 전, 방해받지 않은 시간에 기도를 시작하면 약 30분간 하나님을 찬양하고 감사하고 경배하는 기도로 채운다. 그렇게 하는 이유는 성령이 내주하는 최고의 기도방식이기 때문이다. 그러나 그 때문만은 아니다. 찬양하고 감사하고 경배를 하면 마음에 넘치는 기쁨과 잔잔한 평안이 물밀 듯이 밀려오는 게 너무 좋다. 필자는 낮에도 한두 시간 방해받지 않은 시간을 내어 기도하곤 하는데 그때는 요청하는 기도나 중보기도를 하지 않고 대부분의 기도시간을 찬양하고 경배하는 것으로 채운다. 왜냐하면 찬양하고 경배할 때 성령이 내주하는 그 느낌이 너무 좋기 때문이다. 그렇게 기도하는 시간이 좋아져야 하루 종일 기도하며 살려고 애쓰게 된다. 그러나 많은 크리스천은 기도가 종교적인 의무나 필요에 의해 기도하기 일쑤이다. 그런 기도의 태도를 가지고는 하나님과 깊고 친밀하게 교제하는 기도를 알지 못한다. 또한 성경에 기록된 많은 은사와 능력을 받아 누릴 수도 없다. 찬양하고 경배하는 기도는 일상의 삶에서 마음속으로 얼마든지 할 수 있다. 눈을 감지 않아도 소리를 내지 않아도 마음속으로 늘 찬양하고 감사하고 경배할 수 있다. 이런 기도방식을 몸에 배야 쉬지 않고 기도하는 영적 습관을 들일 수 있다.

성경적인 기도 가이드

99

늘 하나님 옆에 있기를 기도하라

◆

　예전에 어느 분으로부터 메일이 왔는데 필자의 칼럼에서 그토록 강조하는, '성령이 내주하는 기도'가 몹시 궁금하다는 내용이었다. 사도행전을 읽다 보면 성령이 임하는 기도를 자세히 설명하고 있다. 평범한 제자들에 불과했던 사도들은 마가 요한의 다락방에서 성령세례를 받고 나서야 비로소 새로운 능력자가 되었으며 복음전파에 놀라운 열매를 맺었음은 모두가 아는 사실이다. 사도바울도 일상의 삶에서 성령이 내주하는 기도를 끊임없이 요청하라는 권면을 강조하고 있음은 물론이다. 이 시대는 성령의 시대이다. 성령이 없는 영혼은 죽은 영혼이지 않은가? 그러나 우리는 교회에서 성경지식은 열심히 쌓아 두고 있지만 정작 성령이 내주하는 삶에 대해서는 무지한 게 사실이다. 성령 충만이라는 용어는 사용하고 있지만 정작 성령의 능력을 체험하는 이들은 드물다. 성령 충만이라는 것도 감정이 격앙된 상태를 지칭하는 용어로 재해석되고 있는 느낌이다.

　성령이 내주하는 기도를 시작하는 것은 그리 어렵지 않다. 그러나 성령이 내주하는 기도를 통해 하나님과 깊이 교제하는 삶을 나누는 것은 녹록치 않은 일이다. 왜냐하면 적지 않은 기간과 노력을 필요로 하기 때문이다. 그러나 알고 보면 겁낼 일은 아니다. 학생이 공부를 하는 것처럼 크리스천이라면 누구나 기도하며 살아야 하지 않겠는가? 그동안 기도를 마치밀린 숙제하듯 대하였기 때문에 성령이 내주하는 기도를 인내하며 기다리지 못한 이유이다.

다시 처음으로 돌아와, 기도할 때마다 간절히 하나님의 이름을 부르며 그분의 임재를 요청하면 그리 오랜 시간이 되지 않아 성령이 내주하는 날이 온다. 이미 성령과 깊고 친밀한 교제를 나누고 있는 사람일지라도 기도를 시작하면 성령의 임재를 간절히 요청해야 한다. 성령께서는 자신을 찾는 자녀들을 기뻐하신다. 기도할 때마다 성령께서 자신 곁에 있는지 확인하며 혹시라도 마음이 어두워졌거나 무미건조하거나 냉랭하거나, 걱정과 근심, 두려움과 부정적인 생각으로 가득 차 있다면 성령이 활동하지 않은 상태임을 곧장 알아차려야 한다. 성령이 내 안에 충만해 있다면 마음은 잔잔한 평안과 기쁨으로 넘쳐 나고 입으로는 찬송을 흥얼거리며 하나님의 생각으로 가득 차 있다. 이렇듯 성령이 내 옆에 있기를 끊임없이 기도하는 습관을 들여야 비로소 하나님과 동행하는 삶을 살 수 있으며 능력과 환희의 인생을 누릴 수 있다. 그러나 아쉽게도 우리네 교회에서는 성령이 내주하는 기도를 가르치거나 시도하려고 하지 않는다. 교회에서 가르치지 않더라도 아쉬워할 필요 없다. 하나님은 영이시기에 시간과 공간을 초월하여 우리 곁에 찾아오시는 분이다. 늘 자신 옆에 오기를 기도하고 있다면 말이다.

100

기도가 지혜의 산실이다

◆

　잠언을 읽어 보면 지혜의 중요성에 대해 수도 없이 강조하고 있다. 성경이 말하는 지혜란 우리가 흔히 알고 있는 지혜와는 차원이 다르다. 세상에서 말하는 지혜는 어느 일을 성공적으로 수행하기 위한 소프트웨어 정도로 알고 있지만 성경이 말하는 지혜는 세상을 지으시고 우주를 운행하며 자연을 다스리고 인간의 생사화복을 다스리는 하나님의 능력을 말하고 있다. 그래서 하나님은 지혜로 세상을 창조하셨으며 성령을 지혜의 신이라고 일컫는 이유이다. 이런 지혜를 받아 누릴 수 있다면 세상 어느 것도 부러울 게 없을 것이다. 그러나 하나님의 자녀인 우리가 하늘에서 내려오는 지혜를 받아 누리지 못하는 이유는 지혜의 능력에 대해 무지하기 때문이며 설령 안다 하더라도 얻으려고 애쓰지 않는다. 그래서 우리는 삶에 힘이 없고 신앙에 능력이 없다. 신앙을 단지 천국으로 가는 보험 쯤으로 여기고 있는 실정이며, 삶의 짐 위에 신앙의 짐을 얹어 비틀거리며 살아가는 이들도 적지 않다.

　이러한 능력을 눈치챈 필자는 사역을 시작하면서 지혜를 수도 없이 구했다. 기도할 때마다 간절하게 지혜를 요청했다. 그래서인지 필자는 그동안 상담과 칼럼과 더불어 수십 권의 책을 써 오고 있다. 지금도 많은 코칭과 상담을 하고 있는데 그때마다 막히지 않고 술술 답변을 생각나게 해 주시는 하나님께 감사한다. 언젠가 성령께서 영음으로 필자에게 적지 않은 지혜를 주셨다고 말씀하신 적이 있어 적잖이 놀랐었다. 그냥 기도만 했을 뿐인데 말이다. 돈을 얻는 일에는 시간과 노력을 가리지 않고 애쓰지만 지혜를 얻는 일에는 소홀한 크리스천들을 보면 씁쓸하다. 정작 영혼과 삶에 중요한 것이 무엇인지 모르기 때문이다. 이 역시 지혜가 없어서이기 때문이기도 하다. 성경은 지혜가 없는 사람들을 일컬어 무지하고 어리석고 미련하다는 표현을 쓰고 있다. 잠언에는 어리석고 미련한 사람을 만날지언정 새끼 빼앗긴 암곰을 만나는 것이 낫다고 조언을 할 정도이다. 지혜가 없는 사람은 인생이 위험하고 영혼이 위태롭다. 우리의 삶 곳곳에는 시련과 환란이 기다리고 있어서이다. 또한 지혜가 없다면 오랜 수고와 엄청난 노력에도 열매가 없기 십상이다. 그러므로 하나님이 주시는, 하늘에서 내려오는 신령한 지혜를 기도로써 끊임없이 요청해야 한다. 이렇듯 기도란 금광을 캐는 일이다. 세상의 금광은 재물을 주는 통로이지만 지혜를 얻는 기도란 삶과 영혼에 없어서는 안 될 소중한 생명을 안겨 준다. 그것도 아무런 조건이나 대가 없이 기도로 요청하면 거저 주신다고 하였다.

101

좋은 기도가 생명이다

✦

　기도라고 다 같은 기도가 아니다. 나쁜 기도가 있고 좋은 기도가 있다. 나쁜 기도란 기도 본연의 목적을 상실한 기도이다. 기도란 하나님과 깊고 친밀하게 교제하는 통로이다. 그러나 기도를 마치 자신의 드높은 종교심을 드러내려는 수단으로 사용하는 사람이라면 그 기도는 나쁜 기도이다. 바리새인과 서기관들이 그랬다. 그들은 자신의 종교심을 남들에게 보여 주려고 했기에 예수님으로부터 위선자라는 책망을 들었다. 형식적인 기도도 나쁜 기도이다. 형식적인 기도를 하는 이유는 기도 본연의 목적을 상실했기 때문인데 남의 눈을 의식해서 의무적이거나 종교행사로 여겨서 기도하게 된다. 마찬가지로 자기 만족이나 자기 위안의 수단으로 사용해도 나쁜 기도이다. 나쁜 기도의 결과는 하나님으로부터 아무런 열매를 맺지 못한다. 응답도 없을 뿐 아니라 기도할 때 성령이 함께하시는 특징인 잔잔한 평안과 넘치는 기쁨도 없다. 그러나 자신의 기도가 나쁜 기도인지 판단의 기준이 없기 때문에 관행적으로 형식적으로 반복하게 된다.

　그렇다면 좋은 기도는 어떤 기도일까? 말할 것도 없이 하나님이 기뻐하시는 기도이다. 하나님이 기뻐하시는 기도는 내용도 하나님의 뜻에 합당할 뿐 아니라 기도자의 속내나 목적, 태도를 하나님이 기뻐하신다. 하나님의 뜻은 성경에 조목조목 기록해 놓았다. 대체적으로 하나님의 뜻에 합당한 기도는 하나님의 나라를 위한 기도이지만 자신의 욕망을 추구하는 기도라면 아닐 것이다. 물론 자신의 소원을 이루는 기도라도 탐욕을 채우는 기도가 아니라면 하나님의 뜻에 어긋나지 않는다. 기도의 내용도 중요하지만 기도자의 태도나 속내는 더욱 중요하다. 가장 우선적인 조건은 종의 태도를 갖는 것이다. 종이란 주인의 뜻에 절대 순종하는 게 요구되는 덕목이다. 하나님은 응답이 더디 오더라도 참고 기다리는지 그 태도를 보고 계신다. 또한 자신의 뜻에 어긋나는 결과가 오더라도 실망하거나 낙담하지 않고 담담하게 받아들이는 태도 역시 필요하다. 이렇게 좋은 기도란 종의 덕목을 갖춘 기도이다. 좋은 기도란 영원한 생명을 가져다준다. 하나님이 함께하시기에 그분의 능력이 나타난다. 좋은 기도를 통해 하나님은 자신의 종들에게 사역을 맡기는 것이다. 좋은 기도란 종의 신분을 망각하지 않고 언제나 주인의 뜻에 순종하는 기도임을 명심해야 한다.

102

기도가 막히지 않도록 항상 경계하라

✦

　기도가 막힌다는 것은 무엇인가? 이는 기도가 안 되는 것을 말한다. 기도의 내용을 정해 놓고 순서에 따라 큰 소리로 외치는 사람들은 기도가 되고 안 되고의 차이를 잘 느끼지 못한다. 그러나 성령이 내주하는 기도를 하는 사람은 이 차이에 무척이나 민감할 수밖에 없다. 기도가 자신의 의지나 생각으로 되는 것이 아니라 성령의 인도하심으로 하는 것이기 때문이다. 늘 성령이 내주하는 기도를 하는 사람은 성령이 주시는 잔잔한 평안과 넘치는 기쁨을 누리며 살고 있다. 이들에게 기도가 안 된다는 것은 기도에 몰입되지 않아 탁 트이는 느낌이 없어 답답하고 냉랭하다는 뜻이다. 또한 하나님의 종들은 악한 영들과 싸움의 최전선에 있다. 악한 영들은 호시탐탐 틈을 엿보며 종들을 넘어뜨릴 기회를 노리고 있다. 하나님의 종들이 악한 영과 싸우는 무기는 성령의 능력이다. 그러므로 기도를 하지 못하고 있다는 것은 무기를 빼앗긴 병사와 같이 무기력해진다는 의미이다. 말하자면 순식간에 악한 영의 먹잇감이 되며 그들의 공격에 속수무책으로 당할 수밖에 없다. 그러므로 매사에 기도가 막히지 않도록 조심하며 경계해야 한다.

기도를 막히게 하는 것은 여러 가지가 있다. 부정적인 생각이 들어오면 기도할 수가 없다. 염려하고 걱정하며 불안하고 두려운 생각이 들어차 있으면 기도할 엄두가 나지 않으며 기도를 시도해도 몰입되지 않는다. 사람들과 갈등과 싸움이 있어 마음이 격앙된 상태에 있어도 기도할수가 없다. 그뿐 아니다. 고된 일로 인해 정신과 육체가 피곤한 사람도 기도를 하면 졸음이 쏟아질 것이 분명하다. 많은 현대인들은 돈 버는 일에 시간과 정력을 과도하게 사용하기에 그런 경우가 허다하다. 쾌락에 빠지는 일도 그렇다. 술을 마시며 게임에 몰두하며 각종 스포츠나 오락에 심취한 사람은 기도에 몰입할 수도 없고 기도할 시간을 내기도 어렵다.

그중에서도 기도를 막히게 하는 것은 죄를 짓는 것이다. 불의한 일과 불법적이고 비도덕적인 일을 저지르면 죄책감으로 인해 기도를 회피하게 되고 기도를 시도해도 몰입될 수가 없다. 악한 영이 죄책감을 들게 하여 기도를 원천적으로 방해하기도 한다. 음란에 빠지거나 불륜을 저지른 사람이 태연하게 기도할 수가 있겠는가? 이러한 일에 빠지게 하여 기도를 못하게 하는 일들이 세상에 너무 많다. 기도하는 사람은 기도를 삶의 최우선 순위에 두어야 한다. 사람들과 갈등을 일으키고 싸움을 하는 일도 피해야 한다. 도덕적인 죄는 물론이고 형사적인 죄를 지었다면 마음이 편할 리가 없다. 이것들이 기도를 막는다. 그러므로 사람들과 항상 평안한 관계를 유지하려고 애써야 한다. 특히 가족들이나 직장동료, 거래처 관계자들은 자주 만나기 때문에 이들과 평화로운 관계를 유지해야 한다.

탐욕스럽거나 부정적으로 말하는 습관이 있다면 관계가 깨지기 십상

성경적인 기도 가이드

이다. 그러므로 남을 배려하고 섬기는 삶의 방식을 몸에 배야 한다. 권력을 가진 사람들은 손쉽게 우리의 삶에 악영향을 미칠 수 있다. 그러므로 공무원이나 경찰 등의 권력을 가진 이들에게 순종하는 태도를 가지는 것이 평안한 삶을 이루는 데 필수적이다. 이들과 싸우거나 갈등을 빚는다면 기도가 막히게 되어 하나님과 깊고 친밀한 교제를 못하게 되기 때문이다. 우리는 이 땅에서 성공하고 잘되고 부자가 되는 일에 삶의 목적이 있지 않다. 우리의 소망은 하늘나라이며 영생을 얻는 일이 삶의 목적이다. 그러므로 이러한 일을 방해하는 모든 일은 절제하며 피해야 한다. 악한 영들이 우리 주변을 호시탐탐 엿보며 죄를 짓게 하여 기도를 막고 있다는 사실을 항상 잊지 말아야 한다.

하나님이 듣지 않는 기도를 하지 말라

◆

기도를 시작하면 하나님이 듣고 계신다. 그러나 대부분의 기도를 외면하고 계신다. 기도란 하나님께 대화를 시도하는 것이기에 하나님은 무슨 얘기를 하나 귀를 기울이고 들으신다. 그러나 그 내용이나 태도가 하나님의 뜻에 맞지 않는다면 그러한 기도는 공중에 사라지는 소리에 불과하다. 많은 크리스천들이 기도해도 하나님이 함께하시는 증거도, 열매도 없는 이유가 그렇다. 하나님이 듣지 않는 기도를 하기 때문이다. 그러나 안타깝게도, 우리네 교회에서는 하나님이 기뻐하시는 뜻에 대한 기도가 무엇인지 가르치지 않는다. 그냥 응답을 얻어 내기 위한 전투적이고 희생적인 기도에만 열을 올린다. 하나님은 영이시기 때문에 우리의 마음을 읽고 계시며 속내를 투명하게 보고 계신다. 하나님이 듣지 않는 기도를 하려면 차라리 기도를 하지 않는 게 낫다. 기도해 보고 응답이 없다면 실망과 좌절에 빠져 자그마한 믿음조차도 잃어버리고 하나님을 떠날까 두렵기 때문이다.

하나님이 듣지 않는 기도는 형식적으로 기도하는 것이다. 하나님과 깊은 교감이 없이 입으로만 기도하는 행위는 하나님과 아무런 상관이 없다. 또한 탐욕적으로 기도하는 것도 마찬가지이다. 하나님은 우리가 세상에서 잘되고 성공하는 것보다 영혼이 잘되기를 원하시며 하나님이 지으신 목적에 맞도록 살기를 원하신다. 그러나 우리는 그런 하나님의 뜻에 아랑곳없이 오직 잘 먹고 잘 사는 것에만 관심이 있다. 그러므로 하나님의 나라를 위해, 그 의를 위해 기도하는 것이 우선이 되어야 한다. 하나님의 나라를 위해 살기를 애쓰는 종들이라면 세상에서 평안하고 형통한 삶을 인도해 주신다. 그러나 그런 생각이나 목적이 없는 이들이라면 아무리 희생적인 기도를 할지라도 고단하고 팍팍한 인생이 되는 것이다.

또한 하나님이 기뻐하시는 거룩한 성품을 가지려고 애써야 한다. 교회에 오면 경건하고 희생적인 신앙의 행위를 보이더라도 세상의 삶에서는 세상 사람과 다름이 없는 사람이라면 그런 기도를 듣지 않으신다. 물론 우리는 늘 부족하고 연약하기에 아무리 조심하고 노력할지라도 죄를 짓고 살아갈 수밖에 없는 존재이다. 그러므로 죄를 회개하며 죄를 멀리하려고 부단한 노력을 하며 살아야 한다. 어쩔 수 없이 죄를 지을지라도 하나님은 사람의 연약함을 불쌍히 여기며 그 기도를 들으신다. 이를 모르는 이들이라면 성경을 읽고 깨달음을 얻고 기도를 통해 지혜를 얻어야 한다. 이를 알지라도 행위를 고치려 하지 않는 자들의 기도는 하나님이 듣지 않는다. 자신의 기도가 오랜 시간 응답이 없으며 하나님이 함께하시는 증거나 열매가 없다면 그 기도가 듣지 않는 기도인지 곱씹어 볼 일이다.

104

종교적인 하나님이 아니라
실제적인 하나님을 만나라

✦

많은 크리스천들은 실존적인 하나님을 만나지 못하고 종교적이고 관념적인 하나님만 알고 있다. 그들은 성경에서 약속한 놀라운 이적과 기적, 능력을 읽고 듣고는 있지만 삶의 현장에서 체험하지 못한다. 일시적으로 하나님의 은혜를 받는 이들도 있지만 이들의 은혜는 그리 오래가지 않는다. 자기가 노력해서 얻은 게 아니라 선물로 얻어진 것에 불과하기 때문이다. 성령이 내주하는 은혜를 경험하였더라도 끊임없는 기도와 말씀으로 성령이 내주하는 동력에 대해 무지하다면 오래갈 수가 없다. 일상의 삶에서 하나님을 찾고 찬양하고 감사하고 경배하지 않는다면 성령의 활동이 소멸된다.

모든 크리스천이라면 예수그리스도가 하나님의 아들이심을 믿고 그 믿음으로 영생을 얻는다고 확신하고 있다. 천국과 지옥이 존재하며 천사와 사탄과 귀신들의 존재도 인정하고 있다. 그러나 오랜 설교에서 들어왔으며 성경에 기록되어 있기에 부정할 수 없다. 그러나 살아 계신 하나님을 삶의 현장에서 매일 경험하지 못하고 있다면 영적인 세계와 영적인 존재에 대한 믿음은 막연하게 생각될 수밖에 없다. 눈으로 보고 귀로

성경적인 기도 가이드

들으며 과학적인 실험으로 인정되지 않기에 영적인 통로를 통해 깨달음을 얻으며 삶의 현장에서 체험하지 않는다면 확신을 갖는 것은 어렵다. 대다수의 크리스천들의 신앙이 물러 터지고 믿음이 견고하지 않은 이유이다. 실제적인 하나님을 매일 체험하지 못하고 있기 때문이다. 실제적인 하나님을 만나려면 성령이 내주하는 기도가 필수적이다. 성령이 우리 안에 오시면 영적인 세계에 대한 확고한 깨달음을 얻으며 날마다의 삶에서 체험을 통해 그분을 경험하기 때문이다. 영안이 열리고 영적인 능력을 얻으면 악한 영들을 깨닫게 되며 그들과 싸우는 삶을 살게 된다. 하나님과 천사, 사탄과 귀신들을 영적인 통로를 통해 매일매일 경험하게 되는 것이다. 이렇게 실제적인 하나님을 만나는 삶이 없다면 문제가 심각하다. 성령으로 다시 태어나지 못한다면 하나님의 나라에 들어가지 못한다고 예수님이 못 박으셨기 때문이다. 관념적인 신앙과 지식적인 믿음을 가지고는 천국은 언감생심이다. 성령인 내주하시는 기도와 성경의 깨달음으로 실제적인 하나님을 만나는 신앙을 회복하여야 한다.

105

기도했으면 때를 기다리라

◆

많은 사람들은 기도를 시작하면 무섭게 응답이 내려오기를 기대하고 있다. 몇 주를 기도해도 아무런 응답이 없으면 희생의 강도를 높인다. 새 벽기도를 작정하고 헌금을 드릴 것을 결단하며 기도원에 올라가 금식기도를 결심한다. 이는 하나님을 압박하는 행위이다. 하나님이 누구신가? 그분은 전지전능하며 인간의 생사화복뿐 아니라 천국과 지옥을 결정하는 두려운 분이시다. 그런 하나님에게 자신의 결정사항을 관철하기 위해 압박을 가한다는 게 얼마나 무지하며 가증한 일인가? 물론 그렇게 하더라도 하나님의 원칙이 바뀔 리가 없다. 그분은 성경에 기록된 자신의 뜻을 바꾸시지 않겠다는 결정사항을 확고부동하게 밝히셨다.

필자가 오랫동안 기도한 경험으로는, 하나님이 응답해 주시는 때는 기도자의 믿음과 태도에 달려 있다. 아무리 희생적인 기도를 오래 했더라도 하나님이 기뻐하시는 믿음이 부족하고 하나님 뜻에 합당한 태도가 없다면 응답은 아주 더디게 온다. 평생 오지 않는 일도 허다하다. 사실 응답이 내려오는 때는 우리의 소원과 아무런 상관이 없이 오로지 그분의 뜻에 달려 있다. 그러므로 응답을 받으려면 응답이 올 때까지 성실하고 간절

성경적인 기도 가이드

한 기도를 계속하면 된다. 성령이 내주하시는 기도를 하게 되면 응답이 오지 않는 이유에 대해 깨달음으로 알게 되며 최고의 때에 응답을 주신다는 믿음이 들기 때문에 그때에 일희일비하지 않는다. 인내가 기도의 열매라고 밝히신 이유도 이와 다르지 않다. 신앙의 선배들은 하나님의 뜻에 의문 부호를 달지 않고 고단하고 팍팍한 인생을 달게 받아들이고 살다가 이 땅을 떠나갔다. 잔혹한 고문에도 마음이 흔들리지 않았고 죽음을 앞에 두고도 담담하게 받아들였다. 심지어는 찬양하며 사자 굴에 들어간 이들도 있었다.

사실 믿음이 미지근하며 영적으로 침체된 이유도 고단한 삶 속에서 환난을 이겨 내면서 강인한 신앙을 키워 내지 못했기 때문이다. 믿음이란 고난과 고통 속에서 단단하게 굳어지기 마련이다. 하나님의 뜻을 기다리는 인내가 바로 믿음과 동일하게 여겨지는 이유이다. 응답이 더디면 조급해하고 실망하고 좌절하는 이유가 무엇인가? 하나님의 뜻보다는 자신의 뜻이 앞서기 때문 아닌가? 세상에서 잘되고 성공하며 매사가 자신의 뜻대로 되어야 한다면 하나님이 주인이 아니라 자신이 주인이 된 탓이다. 교회에 와서 하나님을 주인이라고 부르며 희생적인 종교 행위를 반복하더라도 하나님을 주인으로 섬기는 태도가 없다면 아무런 열매가 없을 것이다. 기도했으면 최고의 때에 응답을 주신다는 믿음을 가지고 기다려야 한다. 그러한 태도가 바로 최고 믿음의 비밀이며 응답이 신속하게 내려오는 비결이다.

시험에 들지 않도록 기도하라

✦

　주기도문의 끝자락에는 '시험에 들지 말게 하옵시고'라는 대목이 있다. 이를 헬라어 성경 εἰσενέγκῃς ἡμᾶς εἰς πειρασμόν(에이세넨케스 헤마스 에이스 페이라스몬)을 직역하면 '시험에 들어가지 않도록'라는 뜻이며 여기서 말하는 '시험'이란 '테스트'라는 뜻이 아니라 '인생의 고비에서 맞닥뜨리는 온갖 시련과 환란'을 말한다. 예수께서 인생의 고난과 환란을 맞지 않도록 기도하라고 하신 이유는 누구나 뜻하지 않게 환란과 고통 속에서 신음할 수 있다는 말이다. 말하자면 우리가 사는 세상은 지뢰밭이라는 뜻이다. 지뢰밭에 들어가는 사람은 아무리 조심하더라도 지뢰를 밟을 확률이 높아진다. 지뢰를 놓는 사람은 지뢰가 쉽게 드러나지 않도록 땅에 파묻고 위장을 해서 쉽게 눈에 띄지 않도록 한다. 그러므로 지뢰를 밟지 않으려면 아예 지뢰밭에 들어가지 않는 것이 가장 지혜로운 행동이다. 그러나 아쉽게도 우리는 인생의 시련과 환란에 들어가지 않는 행위가 무엇인지 성경에서 깨닫지 못하고 교회에서 배우지 못한다. 성경은 깨달음이 아니라 머리로 아는 지식에 불과하고 종교 행위와 신앙의식을 반복하는 것에 그치고 있다.

하나님을 떠난 삶은 위태롭기 그지없다. 이 세상은 하나님이 다스리는 곳이 아니라 악한 영이 다스리는 곳이기 때문이다. 말하자면 이 세상은 환란과 고난으로 가득 찬 지뢰밭인 까닭이다. 하나님이 함께하신다는 것은 지뢰가 있는 곳에 지뢰 표지가 있고 줄로 쳐서 침입을 막아 놓은 곳과 다름이 없다. 아무리 지뢰밭이라도 이미 지뢰탐지기로 조사를 해서 지뢰가 없음을 표시해 놓았다면 안심하고 들어가도 된다. 하나님이 함께하신다면 성경의 깨달음과 성령의 인도하심으로 안전한 곳으로 갈 수 있다. 성경에는 불의와 불법을 떠나고 거룩한 성품을 유지하라고 권면한다. 불법과 불의, 탐욕과 방탕, 시기와 미움, 교만과 조급함 등의 하나님이 싫어하시는 모든 악한 성품과 행위가 인생의 지뢰밭을 들어가는 것과 같다는 뜻이다.

성경은 우리의 인생이 고단하고 팍팍한 이유가 죄에서 출발한다고 밝히고 있다. 이 죄란 하나님이 싫어하시는 모든 말과 행위를 말한다. 악한 영은 우리가 지닌 죄성(罪性)을 유혹하고 공격하여 생명을 빼앗고 영혼을 사냥하고 있다. 죄가 지배하는 사람이라면 악한 영의 표적이 된다는 말이다. 그와는 반대로, 하나님이 기뻐하시는 거룩한 성품은 사랑과 자비, 자족과 절제, 인내와 오래 참음, 선함과 온유, 겸손과 배려이다. 세상의 쾌락이 아니라 하나님이 함께하시는 기쁨을 아는 사람이라면 인생에서 맞닥뜨리는 환란과 고난을 피해 갈 수 있다. 그러므로 우리는 항상 인생의 시험에 들어가지 않게 해 달라는 기도가 끊이지 말아야 한다. 하나님이 도와주시지 않으며 성령이 인도해 주시지 않는다면 자신의 죄성이 순식간에 드러나서 마음과 생각을 지배하고 죄에 엎드리게 할지 모르는 일이기 때문이다.

기도란 주인을 섬기는 것이다

◆

종은 주인을 섬기는 역할을 하는 신분이다. 교회에 오면 우리는 하나님을 주인이라고 부른다. 스스로 종이라고 신분을 밝히는 것이다. 그런 우리는 주인인 하나님을 섬기는 행위로 온갖 신앙 행위를 하고 있다. 성실한 예배와 아낌없는 헌금, 각종 기도회의 참석과 봉사, 전도를 열심히 하면 하나님을 잘 섬기고 있다고 생각하며 천국의 면류관과 상급을 따 논 당상이라고 여기곤 한다. 그러나 과연 그러한 생각이 성경적일까? 성경은 우리가 하나님의 피조물이며 그분의 영광을 위해 창조되었으며 찬양을 하도록 지어졌다고 밝히고 있다. 더불어 그 모든 능력은 하나님을 통해 공급되었다는 사실을 덧붙이고 있다.

예를 들어 우리가 드리는 헌금을 살펴보자. 우리는 자신이 힘든 노동과 수고를 통해 귀한 돈을 벌어 교회와 하나님께 드린다고 생각하고 있다. 그러나 성경은 세상의 모든 재물은 하나님의 소유라고 밝히고 있다. (학 2:8) 그렇다면 사람들은 하나님의 소유를 가지고 와서 자신의 것으로 드린다고 생각하고 있다는 말이다. 찬양과 경배 등의 신앙 행위도 마찬가지이다. 이 역시 자신의 뜻과 정성으로 드린다고 생각하고 있지만 하나님이 그런 믿음을 주시고 그 마음을 주셔야 하지 않겠는가? 믿음을 주시는 분은 하나님이시지 자신의 노력과 의지로 믿음이 생기는 것은 아니다. 그렇다면 우리가 지금까지 행한 신앙 행위와 종교의식도 하나님이 공급해 주시는 능력 안에서 가능한 일이다.

　모든 믿음의 행위가 하나님으로부터 공급받는다면 어떤 통로를 통해 얻어지는 것일까? 두말할 것도 없이 기도와 말씀을 통해 얻어지는 것이다. 성경은 깨달음을 얻는 수단이지만 기도는 하나님과 깊고 친밀하게 교제하는 통로이다. 그렇다면 우리의 모든 능력을 공급해 주시는 하나님을 찾아뵙는 기도야말로 하나님을 섬기는 원초적이며 근본적인 행위가 아닌가? 그러나 신앙의식을 성실하게 하고 종교 행위를 정성껏 드리는 이들조차 기도를 소홀하게 여기곤 한다. 20~30분에 불과한 새벽기도회만 빠지지 않고 참여해도 열심히 기도하고 있다고 잘못 생각하기 일쑤이다. 이는 종이 자신의 재산과 능력으로 주인을 섬기고 있다고 생각하는 것과 마찬가지이다. 주인의 재산을 관리하며 노동하는 대가로, 봉건시대의 종들은 먹을 것과 입을 것을 제공받고 장가도 가고 시집도 가며 자식을 낳아 행복하게 살 수도 있었다. 기도란 하나님을 하나님으로 인정하는 행위이다. 하루 종일 기도의 삶을 사는 이들이라면 하나님을 전적으로 의지하며 하나님이 삶의 전부인 것을 고백하고 있다는 증거이다. 그러나 하루에 한 번, 그것도 20~30분에 불과한 기도시간이라면 아직도 하나님 외에 삶에 다른 중요한 것들이 많다는 증거이며 아예 그런 기도조차 없는 이들이라면 교회의 예배의식에 성실하게 출석하고 있는지는 몰라도 하나님을 섬기는 자들이 아니라는 증거이다.

일상에서 하나님을 까마득히 잊고 있는 사람들을 어떻게 하나님을 주인으로 섬기는 종이라고 할 수 있는가? 하나님과 깊고 친밀하게 사귀는 종이라면 일주일에 한 번의 예배의식이 아니라 삶 그 자체가 예배이며 소유의 일부를 교회에 드리는 게 아니라 자신의 모든 것을 하나님의 것으로 사용한다. 이들은 자신이 생각하고 말하며 행동하는 모든 출처가 하나님이라고 인정하고 고백한다. 이들이 가장 열심히 하는 것은 외형적인 종교 행위가 아니라 하나님과 깊고 친밀하게 만나는 기도이다. 기도를 통해 믿음과 생명을 공급받는다. 인생이 거룩한 예배이며 삶 자체를 찬양의 도구로 살아간다. 그러나 아쉽게도 우리네 주변에는 기도가 신앙 행위에 들러리를 서거나 아예 삶에서 빠진 이들을 어렵지 않게 발견할 수 있다. 이들은 주인을 섬기는 법을 모르는 종들이다. 솔직하게 말하자면 종도 아니다. 하나님의 이름을 앞세우는 주인일 뿐이다. 종의 일을 하지 않기 때문이다.

108

새롭게 변화되기를 기도하라

◆

　바울 사도는 풍조를 따르지 말고 변화를 받아 하나님의 선하시고 기뻐하시고 온전하신 뜻을 분별하도록 하라고 권면했다. 변화를 받는다는 것은 지금의 신앙 상태나 삶의 방식에서 하나님이 기뻐하시는 뜻으로 날마다 발전한다는 것을 의미한다. 그러나 신앙의 연륜이 십수 년이 지나도 변하지 않는 이들이 우리 주변에 허다하다. 매주 설교를 열심히 들으며 봉사를 하고 전도를 하는데도 말이다. 부족한 성품은 여전히 그 자리에 있고 믿음의 성장도 보이지 않는다. 성령의 능력이 임하는 기도는 언감생심이다. 그들은 입을 모아 예전에 뜨거웠던 신앙을 회상하고 자랑하곤 한다. 새롭게 변화가 되어 날마다 신앙이 성장하고 성령의 능력으로 풍성한 열매를 맺어도 시원치 않은데 과거의 모습을 그리워하고 있으니 기가 찰 노릇이다.

　신앙의 연륜이 오래되고 교회의 직책이 무거워도 여전히 변화되지 않는 이유는 새롭게 되기를 갈망하는 간절한 기도가 없기 때문이다. 새 신자가 처음 교회에 오면 모든 게 새롭고 낯설기에 배우는 일에 애쓰고 힘쓰곤 한다. 그러나 1~2년이 지나 사람들과 친해지고 교회의 종교행사에 익숙해지면 노력을 게을리하기 시작한다. 특히 이러한 일은 기도에서 두드러지게 나타나는 현상이다. 처음에 하나님과 동행하는 기도를 배우지 않았던 사람이 중간에 배우는 일은 고되고 힘들다. 이미 매너리즘에 빠지고 안주함이 배어 몸과 생각이 바뀌기를 거부하기 때문이다.

오랜 신앙의 소유자들이 새로운 변화를 시도하는 일이 뼈를 깎고 살을 저미는 것처럼 고통스럽게 여긴다. 예수님은 새 술은 새 부대에 넣어야 한다고 말씀하셨다. 이처럼 새로운 믿음은 새로운 마음 상태에서만 가능한 일이다. 마음이 새롭게 변화하기를 원한다면 성령으로부터 끊임없이 그 능력을 공급받아야 한다. 필자가 쉼 없는 기도를 한 지 20여 년이 흘렀지만 지금도 아침에 일어나 기도를 시작하면 기도훈련을 시작하는 날처럼 간절히 성령이 내주하시기를 갈망하며 요청한다. 어제 식사를 맛있게 했더라도 오늘 새로운 식사를 해야 하듯이 어제까지 열심히 기도한 것은 새날이 되면 아무런 소용이 없다. 다음 날에는 그날에 필요한 기도를 새롭게 해야 한다. 신앙의 연륜이 오래되며 교회의 묵직한 직책이 있는 사람이라면 안주하기 십상이다. 그러나 이들이야말로 새롭게 변화되는 기도가 더욱 필요한 사람이다. 예수님은 나중 된 자들이 처음 되고 처음 된 자들이 나중 되는 일이 일어날 것이라는 경고를 하셨다.

바리새인들과 서기관들은 스스로 변화되기를 거부하였기에 예수님으로부터 책망을 받았으며 천국에서 거절당했다. 새롭게 변화되는 것은 모든 크리스천들의 필수적인 기도목록이다. 하나님은 신앙의 연륜이 오래될수록 견고한 믿음으로 성장하며 성령의 능력을 받아 기꺼이 제자의 도구로 쓰이기를 원하시고 계신다. 변화는 이런 사람에게 더욱 필요하다.

하나님이 원하시는 믿음의 수준과 신앙의 잣대는 새 신자와 비교할 수 없이 높아지기 때문이다.

109

믿음으로 구하고 조금도 의심하지 말라

♦

위 말씀은 교회에서 수도 없이 듣는 말이다. 그래서 설교시간에 "믿습니까?"라고 설교자가 선창하면 "믿습니다"라고 큰 소리가 되돌아 나오는 예배풍경은 흔한 일상이다. 이러한 일은 기도시간에도 이어진다. 큰 소리로 기도하는 사람마다 '믿는다'라는 단어에 힘을 주고 강조하여 큰 소리로 외친다. 그래야 믿음을 확인하는 통과의례로 여기는 듯하다. 그러나 이러한 현상을 뒤집어 보면 괴이한 속내를 드러내고 있다. 자연스레 믿어진다면 굳이 이렇게 강조하면서 합창을 하고 과도하게 힘을 주면서 소리 지를 이유가 없다. 믿어지지 않기에 서로가 확인하듯 주고받는 현상이 아닐까? 믿음이 있어야 소원하는 일들이 이루어지고 기도응답이 오기에 믿음은 간절히 원하지만, 정작 마음처럼 믿음의 존재를 확신할 수 없기에 믿음의 존재를 소리치며 확인하고 싶어지는 것일 게다.

아시다시피, 믿음의 공급원은 하나님이시다. 심리적인 방법으로 얻어지는 게 아니고 희생적인 신앙 행위로 생기는 것은 더더욱 아니다. 말하자면 하나님이 함께하시는 삶 속에서 간절한 기도로써 요청해야 한다. 그렇지만 아쉽게도 성령이 내주하는 기도에 대해 무지하니 이러한 일이

성경적인 기도 가이드

벌어지는 것이다. 믿음이란 마음의 상태로 쉽게 변한다. 기도하고 있으면 믿음이 있는 것처럼 생각되어도 세상에 나가 부정적인 환경들과 조우하면 온데간데없이 사라지고 걱정과 염려가 대신 들어선다. 어쨌든 믿는다고 소리를 지르며 자신에게 최면을 걸어 본다고 해서 생기는 게 아니다. 기도한 것은 틀림없이 의심하지 않고 믿고 있는 경지에 오르려면 성령이 주셔야 가능하다.

성령이 함께하는 상태라면 어떤 부정적인 상황이나 환경이라도 잔잔한 강처럼 마음이 평안하다. 세상의 부정적인 환경을 보지 않고 전지전능한 하나님을 굳게 신뢰하기 때문이다. 의심하고 싶지 않아도 의심이 들며 걱정하고 싶지 않아도 저절로 염려가 찾아오는 까닭은 하나님의 능력이 임하지 않아서이다. 그런 상태라면 아직 기도가 부족하다는 증거이며 성령이 내주하시는 상태가 멀었다는 반증이기도 하다. 그러나 걱정할 필요는 없다. 다시 간절한 기도로써 성령의 내주를 요청하는 기도를 유지하면 된다. 생각보다 시간이 걸리는 것은 사실이지만 기도의 끈을 놓지 않고 있다면 걱정할 필요가 없다. 믿음이 부족하다는 사실이 마음에 걸릴지는 몰라도 기도를 포기하지 않고 있다면 언젠가는 견고한 믿음이 선물로 배달될 것이 분명하다.

110

기도로 시작하고 기도로 끝내라

♦

필자의 꿈은 대형교회의 목회자가 되는 것이 아니다. 그런 생각을 품었다면 하나님이 실망하실 게 분명하다. 그렇다고 하나님이 귀하게 사용하는 능력 있는 종이 되는 것도 아니다. 그렇게 되면 좋겠지만 마음을 먹는다고 되는 일이 아니기 때문이다. 그보다는 기도의 달인이 되고 싶다. 성경의 위인들은 모두 기도의 달인이었고 이들은 기도를 통해 하나님이 귀하게 사용하시는 도구의 삶을 살게 되었다. 물론 그런 능력의 종으로 사용되는 것도 신나는 일이지만 그보다는 성령이 내주하시는 기도는 잔잔한 평안과 넘치는 기쁨을 주시기 때문이다. 그런 기도의 삶이 몸에 배면 가난하더라도 불편해하지 않고 아무도 알아주지 않는다고 섭섭해 하지 않는다. 성실한 노동만 유지하고 있다면 먹고사는 일을 하나님이 책임져 주시니 삶의 부담도 덜다. 세상이 알아주지 않더라도 하나님이 기뻐해 주시고 위로해 주시니 이보다 더 큰 선물이 없다. 세상과 세상의 것을 욕심낼수록 만족이 사라지지만, 대신 영생을 사모하며 하나님을 가까이할수록 기대가 무너지는 법이 없다. 하나님은 우리 편이시기 때문이다.

그래서 필자는 기도에 삶의 모든 것을 걸고 싶었다. 그 증거는 삶을 기

　　　　　　　　　　　　　　　　　　　성경적인 기도 가이드

도로 시작하고 기도로 끝내는 것이다. 아침에 일어나면 기도로 시작하고 잠자리에 들기 전에 기도한다. 낮에도 틈만 나면 기도하고 기회만 주어지면 기도한다. 집은 물론 자동차 안에서도 기도하고 공원의 벤치에 앉아서도 기도한다. 일을 시작하기 전에 기도하고 일을 끝내면 기도한다. 그러므로 중간 중간 기도하는 것을 잊을 리 없다. 기도를 하고 있으면 결과에 대해 안달하지 않으며, 기도를 포기하지 않고, 응답이 더디 오더라도 조급해하지 않는다. 그래서 미래에 대한 걱정이 없고 세상이 불황이라도 염려가 들지 않는다. 탐욕이 없으니 스트레스가 쌓이지 않고 세상의 쾌락을 모르고 살고 있으니 영혼이 위태롭지 않다. 마치 이 땅에서 천국을 경험한다고나 할까. 그런 삶을 유지하려면 기도머신이 되어야 한다. 생각에 앞서 몸이 반응하는 경지에 올라서야 한다. 프로 스포츠 선수들은 동물적인 운동감각을 잃지 않으려고 비시즌은 물론 휴가지에 가서도 매일 연습을 빼놓는 법이 없다고 한다. 그러나 우리는 기도를 너무 소홀히 하며 살고 있다. 예수님은 항상 기도하라고 하셨고 사도바울은 쉬지 말고 기도하라고 하였으며 사무엘은 기도를 쉬는 게 죄라고 고백할 정도였다. 그러한 기도의 경지가 넘지 못할 벽으로 생각될지 모른다. 하지만 성경이 우리에게 불가능한 것을 요구했을 리가 없다. 이는 성령의 능력에 무지한 불신앙에서 나오는 것이다.

우리가 기도를 시작하면 성령이 도우신다. 성령의 또 다른 이름이 '파라클레토스'인데, 이는 돕는 영이라는 뜻이다. 우리는 부족하고 연약하지만 성령이 도와주신다면 얘기가 달라진다. 전지전능한 하나님이 함께하는데 무슨 문제가 있을까? 결과를 생각하지 말고 오늘 기도를 시도하면 된다. 자신의 능력이나 의지로 하는 게 아니라 성령께 도우심을 요청하는 기도를 하면 된다. 시간은 좀 걸리겠지만 포기하지 않고 하다 보면 성경에 약속한 그런 경지에 오르게 되는 날이 온다. 하나님은 약속을 꼭 지키는 분이시기 때문이다.

111

어떻게 예수피를
외치는 기도를 할 것인가?

✦

　예수피가 의미하는 것은 예수 그리스도께서 우리의 죄를 대신하여 십
자가의 보혈을 흘리신 것을 믿고 보혈의 능력과 공로를 의지하여 기도하
는 것이다. 우리가 기도의 끝에 예수님의 이름으로 기도하는 것과 마찬
가지이다. 예수님의 이름이란 대표성을 가지는 것이다. 그러므로 내가
기도하는 것이 아니라 예수님이 기도하는 것이라는 뜻을 내포하는 내용
이다. 이와 마찬가지로 예수피로 싸운다는 것은, 내 의지와 능력으로 싸
운다는 것이 아니라 하나님이신 예수님이 이미 악한 영과 싸워 이긴 결과
를 믿음으로 받아들여서 보혈의 능력을 의지해서 싸운다는 것을 의미한
다. 이런 사실은 오랫동안 교회의 성경공부시간에 배워서 잘 알고 있을
것이다. 그러나 머릿속에 저장된 성경지식과 일상속의 전투현장에서 싸
우는 것과는 판이하게 다르다. 당신이 이 사실을 잘 알고 있다고 해도 보
혈의 능력을 힘입어서 싸우지 않는다면 아무런 소용이 없을 것이다. 그
래서 당신이 지금까지 무능하고 무기력한 믿음으로 고단하고 팍팍하게
살아온 이유이다. 그래서 예수피를 외치는 기도를 할 때, 어떻게 구체적
으로 기도해야 효험이 있는지 조목조목 살펴보기로 하자.

1) 죄와 싸우고 죄를 부추기는 귀신과 싸울 때:

예수보혈의 공로를 의지하여 기도하니 "귀신아 나가라"라고 외치며 축출기도를 한다. 거의 대부분의 크리스천들이 귀신의 정체와 공격을 인지하지 못하기 때문에, 십자가의 보혈의 명검을 가지고 있어도 써보지도 못하고 패퇴하는 것이다. 그러므로 이들의 공격을 알아채는 것이 무엇보다 중요하다. 귀신들은 죄의 덫을 놓고 걸려들게 한다. 그러므로 자신이 지금 짓는 죄가 무엇인지 잘 알아야 한다.

① 기도를 쉬는 죄

기도를 쉬는 죄는 종이 주인을 찾아오지 않는 가장 큰 죄이다. 성경에서 말하는 가장 일반적인 기도는 자신의 탐욕을 채우는 목록을 나열하는 것이 아니라, 하나님을 쉬지 않고 부르며 전심으로 성령의 내주를 간구하는 기도가 으뜸이며, 찬양하고 감사하며 경배하고 회개하며 하나님의 뜻을 간구하는 기도가 다음이다. 그러나 대부분의 우리네 교인들은 이런 기도를 하지 않고 살아간다. 예수님이 말씀하신 가장 큰 계명이 마음을 다하고 목숨을 다하고 뜻을 다하여 하나님을 사랑하는 것이다. 이렇게 하나님을 가장 뜨겁게 사랑한다면, 하루 종일 하나님을 떠올리며 하나님의 이름을 부르며 찾는 기도를 하는 것이 마땅할 것이다. 그러므로 이런 기도의 습관을 들이지 않는 사람들에게 어떻게 하나님이 들어오셔서 통치하시는 하나님의 나라가 이루어지겠는가? 대신 귀신들이 우글거리고 있을 것이 틀림없다.

② 하나님을 믿지 않은 죄

다른 것은 몰라도 자신이 왜 하나님을 믿지 않는 것이냐고 항변할 것이다. 하나님을 믿고 있기에 주일성수와 각종 희생적인 신앙 행위를 하지 않느냐고 반문할 것이다. 그러나 그 믿음의 진정성을 인정해 주시는 분은 자신이나 목회자가 아니라 하나님일 것이다. 당신이 하나님이 살아 계시고, 자신의 자녀들을 선한 길로 인도해 주시며 좋은 것을 주시는 분이라는 것을 철석같이 믿고 있다면, 왜 염려, 걱정, 불안, 조급함, 두려움, 의심, 좌절, 절망 등의 생각을 받아들이고 살아가는가? 그 이유는 당신은 하나님을 절대적으로 신뢰하고 믿지 않기 때문이다. 하나님을 믿지 않는 게 바로 불신앙이며 불신앙이 큰 죄라는 것을 굳이 말하지 않더라도 잘 알고 계실 것이다.

③ 이웃을 사랑하지 않는 죄

예수님은 마음을 다하고 목숨을 다하고 뜻을 다해 하나님을 사랑하는 것이 가장 큰 계명이며 그 뒤를 이어 네 이웃을 네 몸처럼 사랑하는 것이 두 번째로 큰 계명이라고 말씀하셨다. 그렇다면 왜 미움, 시기, 질투, 분노, 짜증, 불만, 불평, 원망, 억울함, 서러움, 자기 연민, 싸움, 분열 등의 죄를 반복하면서 회개할 생각도 싸울 생각도 하지 않으며 살아가고 있는가? 이는 이웃을 제쳐 두고라도 가까운 가족조차 사랑하지 않는 죄를 밥 먹듯이 짓고 있다는 증거이다.

④ 탐욕을 숭배하는 죄

탐욕은 과도한 욕심이다. 예수님은 주기도문에서 하루에 필요한 양식만을 구하라고 말씀하셨다. 또한 아무런 걱정과 염려를 하지 말고 오직 하나님의 나라와 의를 구하면 하나님께서 모든 것을 더해 주신다고 약속하셨다. 그러나 당신은 하루에 필요한 최소한의 생계비인 일용할 양식만을 구하고 얻으면서 살아가고 있는가? 최소한의 생계비는 당신이 원하는 금액이 아니라 절제와 자족의 성품이 밴 상태에서 필요한 생계비이다. 그러나 거의 대부분의 크리스천들은 자신들이 원하는 부와 명예를 구하고 있다. 그래서 기도자리에 앉으면 성공과 부를 외치는 목록을 주야장천 반복하고 있다. 탐욕은 맘몬의 영이 넣어 주는 계략이다. 그러므로 당신이 탐욕을 버리지 않고서는 교회에 나온다고 하더라도 하나님의 자녀가 될 리가 없다. 기복신앙과 번영신학으로 오염된 우리네 교회가 바로 맘몬의 영이 지배하는 교회인 셈이다. 이렇게 겉으로는 하나님을 부르면서, 속으로는 맘몬의 영을 섬기고 있는 가증스런 죄를 반복하고 있으니 답답하기 짝이 없다.

⑤ 쾌락을 섬기는 죄

성경에서는 쾌락을 추구하는 삶을 방탕이라는 말로 대신하고 있

성경적인 기도 가이드

다. 즉 방탕은 육체의 쾌락을 즐기는 데 돈과 시간과 에너지를 쏟아부어 소진하는 것을 말한다. 성경은 육체의 생각은 하나님과 원수이며 육체의 소욕을 추구하는 것도 하나님의 원수가 된다고 선포하고 있다. (롬 8:7) 육체의 쾌락을 즐기다가 귀신의 포로가 된 사람들이 바로 중독자들이다. 알코올, 음란, 게임, 도박, 쇼핑 중독은 물론이고 일이나 운동, 취미에도 중독자가 널려 있다. 이들은 죄다 짜릿한 쾌감을 즐기다가 재산과 시간과 에너지를 소진하고 육체와 정신이 황폐해진 상태이다. 특히 이 시대는 소돔과 고모라처럼 음란의 바다에 빠진 시대이다. 스마트폰이 만연해 있어, 초등학생부터 노인에 이르기까지 관음과 음란을 즐기고 불륜을 탐닉하고 있다. 우리네 교회에 적지 않은 목회자들조차 성적인 죄에 빠져 있으니 평신도들이야 말할 것도 없다. 이 외에도 수많은 죄를 짓고 있으면서 죄를 인지하지 못하거나, 설령 알고 있다고 하더라도 회개하고 싸울 생각이 없다. 이렇게 하나님이 싫어하는 죄를 좋아하고 추구하고 있으니 어떻게 성령이 들어오셔서 동행하시겠는가?

위의 죄들이 우리가 가장 짓기 쉬운 죄의 항목이다. 그중에서도 하루 종일 하나님을 쉬지 않고 찾지 않는 죄가 가장 큰 죄이다. 그러므로 자신이 혼자 있을 때 틈이 나는데도 기도하지 않고 있다면 이것은 필시 기도에 집중하지 못하게 하는 귀신들의 공격 때문이다. 이때는 즉시 속사포를 쏘면서 축출기도를 해야 한다. 대부분의 지지부진한 훈련생들이 낮에 무시로 기도하는 것을 잊고 산다. 또한 위에서 열거한 다른 죄들이 깨달아질 때도 즉시 축출기도를 해야 한다. 죄를 지으면서 하나님의 임재를 요청하는 것은 어불성설이기 때문이다.

2) 죄를 자복하고 회개할 때:

자신의 죄를 조목조목 열거하며 전심으로 회개하면서, 예수보혈의 공로를 의지해서 죄를 용서해 달라는 기도를 한다. 예수피를 외치는 기도는 죄와 싸우고 죄를 부추기는 귀신과 싸우는 기도이지만, 이미 지은 죄가 있다면 예수님의 보혈의 공로를 의지해서 회개하는 기도를 해야 한다. 예수피를 하루 종일 입에 달고 살면 예전에 생각나지 않았던 죄가 떠오르는 일이 허다할 것이다. 그때는 즉시 사라질 때까지 회개하는 기도를 해야 한다. 한 번 회개했다고 끝난 게 아니다. 다시 그 죄가 반복해서 생각날 때는 또 다시 회개하는 기도를 해야 한다. 그래서 아주 머릿속에서 생각나지 않을 때까지 전심으로 해야 한다. 이때 주의해야 할 것은 형식적으로 입만 달싹거려서는 안 된다는 것이다. 진정성을 보이며 전심으로 회개해야 할 것이다. 그리고 이미 회개기도를 했는데 다시 하는 것은 믿음이 없다는 생각은 악한 영이 넣어 주는 생각임을 인지해야 한다. 진심으로 회개하였는지의 여부는 하나님이 인정해 주셔야 한다. 그러므로 죄가 생각이 나지 않을 때까지 기도하여야 할 것이다.

성경적인 기도 가이드

3) 자신을 불쌍히 여겨 달라고 간구할 때:

　예수 그리스도의 보혈을 의지하여 기도하니 자신의 무지와 무능을 불쌍히 여겨 달라고 전심으로 간구하며 기도한다. 우리가 아무리 희생적으로 하나님께 기도하더라도 우리의 노력과 의지와 힘으로는 하나님이 원하시는 믿음과 사랑과 의의 삶을 살 수 없는 것은 당연한 일이다. 왜냐면 우리는 아무것도 할 수 없는 먼지이기 때문이다. 그러므로 은근히 그동안 해 왔던 자신의 희생적인 신앙 행위와 기도 행위를 의지하는 생각이 있다면 바리새인과 서기관과 다를 바 없는 운명에 처할 것이 분명하다. 예수님께서 누가복음에 소개한 무익한 종처럼, 재물과 시간과 열정을 다 바쳐서 희생적인 신앙 행위를 하였을지라도 나는 무익한 종이며 당연히 해야 할 일을 한 것이라는 자세를 잃지 않아야 한다. 그러면서 자신의 부족과 연약함을 불쌍히 여겨 달라는 간구를 끊임없이 해야 할 것이다. 하나님은 통회하는 심정을 기쁘게 여기시고 상한 심령과 가난한 마음을 흔쾌히 받아 주신다. 그러나 교만하고 오만하고 자만하는 마음은 귀신이 넣어 주는 생각이다. 그렇기에 항상 자신을 버리지 마시고 불쌍히 여겨 달라는 간구를 쉬지 말아야 할 것이다.

　이처럼 예수피를 외치는 기도를 할 때는 위의 세 가지 경우를 떠올리며 구체적으로 기도해야 한다. 예수피는 기독교의 신에게 하는 특정한 주문이 아니라, 예수님이 십자가에서 흘리신 보혈의 공로로 인해 우리의 죄가 용서함을 받았으며 죄와 싸워 이길 수 있는 능력을 공급받는 것이다. 그러므로 성령이 우리 안에 들어오셔서 보혈의 능력을 가슴에 새겨 주실 때까지, 위의 세 가지 경우를 머릿속에 저장하여 쉬지 않고 외쳐야 할 것이다.

성경적인 기도 가이드

112

어떻게 성경을 읽을 것인가?

◆

    기도와 말씀은 하나님을 만나는 양대 산맥이다. 기도는 교회에서 적지 않게 강조하고 설교의 마무리에 약방의 감초처럼 끼어 있으며 목회자들이 새벽기도회를 포함한 각종 기도회에 나오라고 성화이기 때문에 기도를 열심히 하지 않는 이들조차 기도의 중요성에 대해 모르지 않는다. 그러나 어떻게 기도를 해야 할지 모르는 이들이 태반이다. 그렇지만 기도와는 달리 성경지식에 대해서는 자신감이 넘쳐 있다. 그러한 이유는 예배의 설교 시에 등장하는 내용들을 이미 알고 있어서가 아닐까? 사실 교회에 나와 설교를 3년만 들으면 성경의 인물이나 중요한 사건에 대해 거의 알게 된다. 담임목사에게 설교를 2년만 들으면 새로운 게 나오지 않는다고 한다. 그러나 그것도 설교자가 스스로 설교문을 작성하던 옛날 얘기이다.

    요즘은 CD 한 장에 500개의 설교문이 빼곡하게 들어 있다. 그런 CD 두 장만 있으면 설교문 따위는 걱정하지 않아도 된다. 그러니 어느 목사에게 설교를 들어도 그 밥에 그 나물이다. 그래서 설교를 들을 때마다 어디선가 들었던 내용 같다는 생각이 드는 것이다. 설교자들은 예화로 양념을 치고 세상 돌아가는 얘기로 가공을 해서 자신만의 색깔을 입히려고 한다. 그게 아니라면 교회에서 일어나는 시시콜콜한 얘기로 설교시간을 때운다. 이것이 설교에서 성경말씀이 점점 줄어드는 이유이다. 자신이 고민해 가며 쓴 설교문이 아니라서 말씀에 대한 깨달음이 없으니 확신도 없고 열정도 없다. 그냥 종교행사로 치르게 된다. 모든 목사들이 다 그렇다는 게 아니다. 그러나 당신이 다니는 교회의 담임목사의 설교를 들어 보면 설교문의 출처를 어렵지 않게 알게 될 것이다.

필자가 다른 교회 목회자의 설교문의 출처나 밝히는, 시시껄렁한 얘길 하려고 이 주제를 꺼내 든 것은 아니다. 당신이 알고 있는 성경지식이 별거 아니라는 얘길 해 주고 싶어서이다. 당신이 설교 때 들어 알고 있는 성경지식은 성경에 들어 있는 내용의 5분의 1도 채 되지 않는다. 설교에 등장하는 성경말씀은 설교자가 즐겨 하는 내용이거나, 설교자의 탐욕스런 목적에 들어맞는 구절, 교인들이 듣고 싶어 하는 내용 혹은 평소에 설교 본문으로 자주 사용하는 본문일 확률이 높다. 거꾸로 말하자면, 설교자가 꺼리는 내용, 설교자의 탐욕에 도움이 안 되는 구절, 교인들이 듣기 싫어하는 내용, 평소에 설교 본문으로 자주 사용되지 않는 내용이라면 설교에 등장하는 일이 별로 없을 것이다. 그러므로 당신이 설교 때 들어오던 성경지식 가지고 성경을 다 안다고 생각하면 오산이다.

이유가 어찌되었든지 사람들은 성경을 잘 읽지 않는다. 만화책도 한 번 읽으면 재미없어 두 번 다시 쳐다보지 않는데 읽기 싫은 성경을 그것도 이미 알고 있는 내용을 다시 읽는 것처럼 맥 빠지는 일은 없다. 그래서 교회에서는 억지로라도 성경을 읽히려고 성경 통독표를 나누어 주고 교인들끼리 경쟁적으로 읽는 분위기를 조장한다든가 성경필사대회를 열어 필사한 사람에게 메달을 걸어 주는 행사를 하고 제본으로 만들어 주어 가보(?)로 소장하게 하는 배려도 서슴지 않는다. 이처럼 성경을 읽게 하려는 눈물겨운 교회의 노력이 가상하기 조차하다.

한 번 성경 필사를 하면 성경에 대해 해박하게 아는가? 1년에 성경을 한 번 읽으면 성경지식이 빼곡하게 들어차는가? 왜 당신이 성경을 읽어야 하는지 말해 드리겠다. 성경을 읽는 목적은 성경 인물들과 성경에 기록된 사건에 대해 해박한 지식을 쌓는 게 목적이 아니라 하나님의 뜻을 깨닫게 하게 하기 위해서이기 때문이다. 지식으로 읽는 목적이라면 한두 번 읽으면 되고 성경의 주요 사건을 요약한 책이나 성경 인물에 대해 소상하게 소개하는 책들을 읽어도 된다. 그리고 당신은 매주 예배에 참석하여 설교를 듣고 있지 않은가? 그러나 이런 노력으로는 성경지식을 쌓을지는 몰라도 깨달음은 아니다. 성경의 깨달음을 얻으려면 성경을 읽는 습관부터 들여야 한다. 성경은 자신의 신앙의 수준과 처해 있는 환경, 해결하고 싶은 문제에 따라 다르게 다가오기 때문이다. 말하자면 신앙의 수준이나 환경은 시시각각 변하는데, 어떻게 똑같은 성경내용이 동일한 깨달음으로 오겠는가? 그러므로 날마다 읽고 묵상하여 항상 새롭게 깨달아야 하는 이유이다. 이를 위해서는 날마다 정해 놓고 성경을 읽는 습관을 들여야 한다.

또한 성경의 깨달음은 성령께서 하늘의 지혜로 주시는 것이다. "너희로 신령한 지혜와 총명에 하나님의 뜻을 아는 것으로 채우게 하시고" (골 1:9) 위의 말씀을 곱씹어 보면 하늘의 지혜로써 하나님의 뜻을 알게 되는 것임을 알게 될 것이다. 그러므로 그냥 성경을 읽어서는 깨달음을 얻을 수 없고 오직 성령이 내주하는 기도를 동반해야 한다. 신앙 행위를 열심히 하는 두 부류의 사람들이 있다. 기도를 열심히 하지만 성경을 잘 읽지 않는 사람들이다. 이런 사람들은 곧 하나님의 뜻하고는 상관이 없는 신비주의자가 될 것이다. 악한 영이 조종하는 좀비가 되기 십상이다. 하나님의 뜻에 대해 무지하기 때문이다. 또 다른 부류는 기도는 하지 않고 성경만 열심히 읽는 사람들이다. 이런 사람들은 머리만 커져 교만해져서 남을 정죄하고 비판하는 사람이 된다. 교회의 지도자들 중에 이러한 부류의 사람들이 많이 있다. 교만한 사람은 귀신들이 곧잘 사용하는 좀비가 되는 이유이다. 그러므로 성경을 읽는 습관과 성령이 내주하는 기도의 습관을 들이는 것은 동전의 양면 같아서 서로 뗄 수 없다. 어느 한쪽이라도 게을리하거나 등한시하면 심각한 문제가 생긴다.

필자가 제시하는 성경을 읽는 요령은 다음과 같다. 신약성경과 구약성경의 중요성은 똑같지 않다. 두 성경이 다 같이 중요하지만 신약성경은 구약성경의 바탕 위에 예수님의 사역을 말하고 있기에 더 중요하다. 성경을 읽는 필자의 조언은 신약과 구약의 시간을 똑같이 배분하는 방식을 사용해 보는 것이다. 구약의 양은 신약의 4배이므로 똑같은 시간을 배분해서 읽으면 신약은 구약의 4배로 많이 읽게 될 것이다. 신약성경은 내용이 그리 많지 않으므로 순서대로 읽으면 된다. 초신자라면 요한복음을 여러 번 읽고 나서 다른 성경들을 읽으면 이해하기가 쉬울 것이다. 구약성경은 현재의 삶에 가장 많이 적용할 수 있는 것들을 차등해서 우선순위를 정해서 읽기 바란다.

구약성경 중에서 이 시대에 가장 많이 적용되는 것은 지혜서이다. 욥

　　　　　　　　　　　　성경적인 기도 가이드

기, 시편, 잠언, 전도서로 구성된 지혜서는 이 시대에도 예외 없이 적용하는 하나님의 원칙들이 빼곡하게 들어 있다. 그 다음으로 예언서이다. 예언서는 이사야와 예레미야와 같은 대 예언서와 작은 분량의 여러 소 예언서가 있는데 예언서도 이 시대에 적용할 하나님의 말씀들이 많다. 그런 나머지 구약성경은 순서대로 읽으면 된다. 그 비율은 지혜서와 예언서 나머지 구약성경을 3:2:1 비율이 좋다. 이 원칙은 이 시대에 가장 많이 적용할 수 있는 내용이 많은 우선순위를 두고 적당한 비율로 나눈 것이다. 그리고 날마다 적어도 한 시간 이상 읽는 것을 목표로 하라. 그게 어렵다면 최소한 30분이라도 읽기 바란다.

요즈음은 스마트폰의 앱을 이용하여, 성경을 읽는 게 아니라 듣는 이들이 많아졌다. 성경을 듣는 것은 읽는 것보다 편리하다. 그러나 성경은 하나님의 뜻을 깨닫기 위한 목적이라면 쉽게 읽는 게 아니라 깊이 생각하며 읽어야 한다. 그러나 듣는 성경이라면 생각할 겨를이 없다. 그래서 할 수 있다면 정독하기 바란다. 어떤 이들은 성경을 필사하는 분도 있다. 시간이 넉넉하다면 필사하는 것도 나쁘지 않은 방법이 될 수 있다. 그러나 성경내용이라고 똑같이 중요한 게 아니다. 아주 중요한 부분과 덜 중요한 부분이 섞여 있다. 감동이 오고 중요한 내용이라면 쓰는 것도 좋지만 그렇지 않은 것까지 일일이 쓴다면 시간낭비일 것이다.

성경을 처음 번역할 때는 한자어가 많이 섞여 있어 많이 개선되었지만 지금 번역도 어려운 단어들이 적지 않다. 특히 영적인 단어의 뜻을 정확하게 아는 것은 쉽지 않다. 이럴 때는 성경사전의 도움을 얻어야 한다. 단어의 뜻은 성경사전을 통해 알 수 있지만 구절의 뜻은 주석을 참고하여야 할 것이다. 대부분 주석은 목회자용이므로 방대하고 어려운 설명이 많으므로 비교적 간편한 평신도용 주석을 참고하면 좋을 것이다. (예: IVP 단권주석) 그러나 성경사전이나 주석은 정확한 뜻을 아는 데 도움이 되지 깨달음까지 얻게 해 주지 않는다. 깨달음은 성령이 내주하시는 기도를 동반하면서 말씀을 정독하여 읽어야 성령께서 깨닫게 해 주시고 삶에 적용하도록 도와주신다. 그래서 하나님이 주시는 깨달음을 얻도록 애써야 한다. 성경은 평생 매일 읽는 습관을 들여야 날마다 성령과 동행하는 삶을 살 수 있다.

필자의 원어성경은 표지가 너덜너덜해질 정도로 헤졌다. 구입한 지 그렇게 오래되지는 않았지만 필자가 가는 곳에는 어디서나 성경을 가지고 다녔기 때문이다. 가격이 다소 비싸고 미국의 서점에서 구입해야 하는 번거로움 때문에 쉽게 구입할 수 없어 낡았어도 웬만하면 그냥 읽고 있다. 필자는 어디든지 성경을 들고 다닌다. 일터에서 잠시 시간이 나도 성경을 꺼내 들고 화장실에 갈 때도 필수품이다. 성경만 읽고 있으면 시간 가는 줄 모른다. 그리고 왠지 모르게 든든하다. 어떤 때는 하나님이 함께 계시다는 생각이 들곤 한다. 이처럼 성령과 동행하는 삶을 원한다면 성경을 가지고 다니며 틈만 나면 성경을 읽어야 한다. 그래야 하나님의 뜻을 깨달아 삶에 적용하여 하나님이 기뻐하는 자녀로 살아갈 수 있고 삶에 풍성한 열매를 맺을 수 있다. 하루라도 성경을 읽지 않는다면 하나님의 도구로 살아갈 생각을 버려야 한다. 하나님은 매일 시시각각으로 당신과 교제하고 싶어 하신다. 그런데 하나님의 뜻에 관심이 없는 이들을 사용하실 수 있겠는가?

성령께서 말씀하시는 기도의 방식

✦

　입으로 나를 찾는 자는 기도의 본질을 모르는 자다. 기도의 본질은 나이고 자기도 알 수 없는 분을 만나는 것이므로, 그분이 누구인지 알려면 마음으로 만날 분을 사모하고 이름을 부르면서 자기에게 오시도록 마음을 다하고 뜻을 다하여야 한다. 나를 찾아주시도록, 보이지 아니하고 들리지 아니한다 해도, 오직 기도하는 일에 집중해서 일상에서도 기도하는 마음이 떠나지 아니하고 자기에게 오시도록 집요하게 조르는 것이다. 모든 이들이 이 기도를 하지 않고 중도에 포기하고 있다. 주리고 목마른 자가 오로지 나를 찾고자 하는 혹독한 마음을 읽었을 때 내가 그를 만나려고 하고 있는데 그들은 중도에 포기하고 자기들의 입으로 하나님은 자기에게 오시지 않는다고 불평만 하고 있다. 이렇게 기도하는 자는 어떤 일에서도 인내하지 아니하고 자기 고집대로 모든 일을, 하나님 없이도 자기의 일을 하겠다는 사람이다. 이런 사람은 나를 만날 수도 없고, 나는 그런 사람의 아버지도 아님을 알 것이라. 모든 사람들이 이런 기도를 하고 정성스럽고 끈질긴 자들이 나를 만나는 것이지, 조급하고 자기중심으로 나를 만나려고 하는 사람은 나도 그들을 만날 수 없다는 걸 알려라.

에필로그

아시다시피 우리네 교회의 기도회는 적지 않지만 성경적인 기도를 가르치는 곳은 별로 없다. 그냥 기도를 열심히 하면 됐지 무슨 기도훈련이 필요하냐는 식이다. 성경적인 기도가 필요한 이유는 열심히 기도하더라도 하나님이 듣지 않는 기도라면 허망한 일이기 때문이다. 설령 성경에 기록되어 있는데 무슨 또 다른 훈련이 필요하냐는 의문은, 지식으로 아는 것과 몸이 반응하도록 훈련하는 것은 별개라는 무지한 발상이기 때문이다. 교회에서 기도훈련을 소홀히 한다는 필자의 지적에 동의하지 않는 이들도 적지 않을 것이다. 그렇다면 작금의 교회가 영적으로 침체되는 이유와 더불어 성경에 약속한 능력이나 은사, 기도응답, 문제 해결이 되지 않는 현상에 대한 시원한 해명이 있어야 할 것이다.

필자의 신앙경륜도 이와 무관하지 않다. 20여 년의 평신도시절 동안 성경의 약속을 받아 누리지 못한 것은 물론, 고단하고 팍팍한 인생에서 신앙이 전혀 도움이 되지 못했다. 교회에서 요구하는 기도회에 성실하게 참여하려고 노력했지만 세상에서의 삶은 고난의 연속이었다. 그 이유는 우리네 교회에서 성경적인 기도훈련을 하지 않기 때문이라는 사실을 최근에서야 비로소 알게 되었다.

그렇지만 문제를 알게 되었다고 해서 그 문제가 명쾌하게 해결된 것도 아니었다. 성령이 내주하는 기도의 책을 쓰고 제자들을 독려하여 훈련을 시켜 보았지만 그 과정은 그리 녹록하지 않았다. 그간의 신앙의 매너리 즘에 빠진 이들이 묵어 굳어진 믿음을 새롭게 바꾸는 것은 생각보다 쉽지 않았다. 중간에 포기하는 이들도 적지 않았고 겨우 성과가 있다 해도 오랜 시간이 걸렸다. 그래도 한 지역에 살고 있어 필자와 얼굴을 맞대고 훈련과 코칭에 참여할 수 있는 제자들은 운이 좋은 이들이었다. 지리적으로 멀리 떨어져 있어 메일과 전화로 코칭을 받아야 하는 제자들의 답답함과 목마름은 더했다.

성령이 내주하는 기도의 필요성과 성경적인 근거는 알겠는데, 정작 삶의 현장에서 시도하니 온갖 문제가 쏟아져 나왔다. 그래서 이 책을 쓰게 되었다. 기도를 하기 위해 어떤 태도가 가장 필요한지, 어떤 행위가 필수적인지, 어떤 사항을 강조해야 하는지 100여 개의 팁으로 나누어 자세하게 설명해 두었다. 사실 기도는 영적인 행위이기에 눈에 보이지 않고 귀에 들리지 않는 영적인 존재와 깊고 친밀한 교제를 한다는 게 처음부터 만만치 않은 시도임이 틀림없다. 그러나 그것은 우리가 선택할 수 있는 영역이 아니다. 그보다는 눈에 보이지 않고 귀에 들리지 않는 영이신 하나님과 영적인 눈을 뜨고 깨달음을 통해 그분과 깊고 친밀한 교제를 나누는 능력을 얻는 일이 더욱 중요하다.

이 책을 쓰는 동안 성령께서 수많은 깨달음을 주시며 영음으로 이끌어 주시기도 했다. 또한 성령이 내주하는 기도를 할 수 있는 실제적인 도움이 우리네 크리스천에게 시급한 과제라는 말씀을 주시기도 했다. 그러나 아쉽게도 시간이 지나갈수록 영적인 능력에 대한 의문과 더불어 기도에 대한 관심이 옅어지는 작금의 교회의 풍토가 심히 염려되기도 한다. 그러나 적은 수일지라도 하나님과 만나고 싶어 하는 갈급한 영혼들이 이 책을 통해 하나님과 만나 영생을 얻는 복을 누릴 수 있다면 더욱 감사할 것이다. 어차피 지금의 시대는 성령의 활동과 은혜가 폭포수처럼 쏟아지는 시절은 아니다. 가을걷이가 끝난 빈 들판에서 이삭줍기를 할지라도, 그 영혼을 되찾기 위한 도구로 쓰인다면 더 없이 감사하겠다. 오래전 필자가 기도훈련을 시작할 때 막막했던 시절이 생각난다. 교회지도자들의 가르침은 적지 않았지만, 선문답같이 애매모호하게 말해서 정작 실행에 옮기는 데에는 아무런 도움이 되지 않았고 시행착오만을 거듭했던 시절은 정말 고통스럽고 답답했었다. 그런 이들에게 실제적이고 구체적인 도움이 된다면 더없이 기쁘겠다. 그래서 잠자는 영혼을 흔들어 깨우고 한국교회를 일으키는 일에 썩어지는 밀알이 되고 싶다.

성경적인
기도 가이드

ⓒ 신상래, 2020

초판 1쇄 발행 2020년 6월 25일
    2쇄 발행 2022년 8월 17일

지은이   신상래
펴낸이   이기봉
편집   좋은땅 편집팀
펴낸곳   도서출판 좋은땅
주소   서울특별시 마포구 양화로12길 26 지윌드빌딩 (서교동 395-7)
전화   02)374-8616~7
팩스   02)374-8614
이메일   gworldbook@naver.com
홈페이지 www.g-world.co.kr

ISBN   979-11-6536-473-1 (03210)